Les Éditions du Boréal
4447, rue Saint-Denis
Montréal (Québec) H2J 2L2
www.editionsboreal.qc.ca

Histoires
de
s'entendre

DU MÊME AUTEUR

Flore cocon, roman, Montréal, Parti pris, 1978

La Survie, nouvelles, Montréal, Biocreux, 1979

Poèmes I — Gémellaires, Montréal, Biocreux, 1980

Laura Laur, roman, Paris, Seuil, 1983 ; Montréal, Boréal, coll. « Boréal compact »,
2000 (Prix Paris-Québec, Prix du Gouverneur général)

La Passion selon Galatée, roman, Paris, Seuil, 1986

Les Aventures de Pomme Douly, nouvelles, Montréal, Boréal, 1988

Maude, récit, Montréal, NBJ, 1988

Filandere cantabile, suite poétique pour une chorégraphie de Marion Moreau, pho-
tographiée par Marc Moreau, avec une traduction en anglais de Wilson Bal-
dridge, Paris, Marval, 1990

L'Obéissance, roman, Paris, Seuil, 1991 ; Montréal, Boréal, coll. « Boréal compact »,
1993

Les Écrits de l'eau, poèmes, Montréal, L'Hexagone, 1996

Ah… !, chroniques, Montréal, Boréal, coll. « Papiers collés », 1996

La Part de Feu, précédé de *Le Deuil de la rancune*, poèmes, Montréal, Boréal, 1997
(Prix du Gouverneur général)

Parlez-moi d'amour, nouvelles, Montréal, Boréal, 1998

La Bulle d'encre, essai, prix de la revue *Études françaises*, Presses de l'Université de
Montréal/Boréal, Montréal, 1997 ; coll. « Boréal compact », 2001

Rouge, mère et fils, roman, Paris, Seuil, 2001 ; Montréal, Boréal, coll. « Boréal compact », 2005

Écrire, comment pourquoi, essai, Trois-Pistoles, Éditions Trois-Pistoles, 2002

Wells, roman, Montréal, Boréal, 2003

Fugueuses, roman, Montréal, Boréal, 2005

Suzanne Jacob

Histoires
de
s'entendre

Boréal

Les Éditions du Boréal reconnaissent l'aide financière du gouvernement du Canada par l'entremise du Programme d'aide au développement de l'industrie de l'édition (PADIÉ) pour ses activités d'édition et remercient le Conseil des Arts du Canada pour son soutien financier.

Les Éditions du Boréal sont inscrites au Programme d'aide aux entreprises du livre et de l'édition spécialisée de la SODEC et bénéficient du Programme de crédit d'impôt pour l'édition de livres du gouvernement du Québec.

Couverture : Angèle Maltais. *Tout est possible.*

© Les Éditions du Boréal 2008
Dépôt légal : 1er trimestre 2008
Bibliothèque et Archives nationales du Québec

Diffusion au Canada : Dimedia
Diffusion et distribution en Europe : Volumen

Catalogage avant publication de Bibliothèque et Archives nationales du Québec et Bibliothèque et Archives Canada

Jacob, Suzanne, 1943-

    Histoires de s'entendre

    ISBN 978-2-7646-0577-6

    1. Imaginaire. 2. Fiction, Théorie de la. I. Titre.

BF408.J32   2008   153.3   C2008-940272-3

I

L'apprentissage

Mais on ne s'entendait pas

C'était un escabeau de bois peint en rouge, à trois marches pliantes. On l'appelait « le banc rouge ». Dans la cuisine, près du calorifère de la fenêtre donnant sur les couchers de soleil, sa place n'a jamais changé. Il servait à atteindre le haut des armoires et l'horloge aux chiffres arabes tracés à l'encre noire, l'horloge hublot qui avait voyagé dans la marine et dont il fallait remonter le ressort à l'aide d'une clef, comme si le temps était lui aussi un jouet qui allait forcément se casser un jour. Le banc rouge tenait lieu de poste d'écoute et d'observation, de poste de secours et de premiers soins, de poste de confidences et de conférences au sommet. Suivant les humeurs de la maison et les événements du jour, le banc rouge était une place forte à défendre — « qui va à la chasse perd sa place » — ou à fuir dans l'espoir d'échapper à l'huile de foie de morue, à l'huile de ricin ou au peigne fin. Je m'en suis servie une dernière fois il y aura bientôt deux ans pour monter retirer l'horloge de sa niche. L'aiguille des secondes gisait contre la vitre du hublot. Après le décès de ma mère, ce ne sont pas ses cendres qu'on a dispersées, mais tous les objets de la maison. Le banc rouge a disparu. Il me suffit pourtant de l'évoquer pour entendre les harmoniques des voix dont il était imprégné, voix murmurées ou assourdissantes, elles forment le moule sonore de la langue que je parle et que j'écris.

C'est la première fois que je fais un livre en ayant à l'esprit deux personnes aujourd'hui disparues et dans le désir de répondre *le plus simplement possible* à au moins une question qu'elles m'ont posée tour à tour, quand leur voix pouvait encore se faire entendre à l'extérieur de moi, quand nos voix pouvaient encore se tresser, se lier, se brouiller et se démêler près du banc rouge. Ce n'est que récemment, à force d'essayer de comprendre ce que signifiait pour moi d'une part leur absence définitive du monde extérieur à ma mémoire, d'autre part leur présence actuelle dans le monde intérieur de ma mémoire où aucune intonation de leur voix ne s'est perdue, où, au contraire, la voix de chacune d'elles devient chaque jour plus nette, plus claire, plus audible, que j'ai compris que ma mère, la pianiste de la *Bulle d'encre*, et ma sœur aînée, la Mouette Invincible qui m'a interdit de parler d'elle dans aucun de mes livres, espéraient sincèrement une réponse à au moins une de leurs questions.

La Mouette désirait que les choses et les idées respectent le même ordre : « Là, assieds-toi deux secondes sur le banc rouge et explique, s'il te plaît, explique *pour que je comprenne*, si tu peux arrêter ta violence. Que veux-tu dire quand tu répètes que *vivre est une activité de fic-*

tion ?» Elle avait entendu *vivre* quand j'avais dit *être* :
« Excuse-moi, mais je répète *être*, *être* est une activité de
fiction. — Être, vivre ? Il faut toujours que tu vétilles, on
s'entend. »

J'ignorais que les « vétilles » avaient leur verbe
« vétiller ». Eh bien oui, elles l'avaient. Eh bien non, on ne
s'entendait pas et je ne pouvais pas arrêter ma violence
qui s'exprimait le plus souvent par une tentative de diversion : « Connais-tu l'histoire de l'empereur Qin Shi
Huang ?» Et me voilà embarquée dans cette histoire en
faisant mine de ne pas avoir remarqué l'agacement de la
Mouette. L'empereur en question, un homme né de
l'union d'un homme et d'une femme en Qin (Chine)
en 269 avant J.-C., avait effroyablement peur de la mort.
C'était une haine, en fait. La haine de sa propre mort. Il
ne dormait jamais deux fois dans le même lit de peur que
les esprits de la mort ne l'assaillent et ne l'emportent. Il
était convaincu qu'il y avait un remède au destin de la
mort. Il a fait périr des milliers de Chinois en les envoyant
à la recherche de ce remède. Il a fait périr les milliers de
Chinois qui refusaient de croire à l'immortalité. Il a fini
par mourir empoisonné par l'élixir à base de mercure qui
devait l'immuniser à jamais contre la mort.

La Pianiste était toujours prête à me suivre dans
mes diversions puisqu'elle-même ne répondait jamais,
n'avait jamais répondu aux questions qui touchaient aux
domaines des idées, de la morale, de la philosophie, de la
politique ou de l'histoire qu'en se souvenant comme par

magie du thème d'une œuvre musicale qu'elle allait jouer au piano ou qu'elle fredonnait discrètement. Mais la Mouette n'était plus dupe : « Tu cherches toujours à nous égarer dans tes histoires. »

Ma violence, c'était ça, c'était de créer une diversion stratégique qui soit une illustration puisée le plus loin possible du banc rouge, et qui agisse le plus rapidement possible, un peu comme l'huile de ricin. Si Qin Shi Huang avait été l'unificateur de la Chine, s'il avait créé la Grande Muraille, s'il avait aussi été celui qui avait fait brûler les lettrés et les livres, c'était bien parce qu'il se racontait à chaque minute l'histoire à laquelle il croyait, qui était l'histoire de sa propre immortalité, et c'était bien cette fiction qui avait servi de moteur à l'unification de la Chine.

Mais la Mouette avait raison, on ne s'entendait pas. Si elle ne pouvait pas entendre *d'emblée* que les histoires, toutes les histoires et notre propre histoire, ces amalgames, sont notre unique façon d'être au monde, d'être du monde, c'était peine perdue. Pourquoi commencer à s'expliquer lourdement et pesamment et de long et en large sur une évidence à la fois légère, joyeuse et heureuse, mais aussi incroyablement atroce et dramatique, résumée d'un trait par la question de Pasolini : « Être est-il naturel ? »

Il arrivait aussi que ce que la Mouette appelait ma violence m'enferme dans un ancien mutisme qui me poussait à fuir. C'est pourquoi la place du banc rouge, ce lieu des miens et de l'apprentissage de la langue, je l'ai quittée des centaines de fois en me promettant de ne plus jamais y revenir. Lorsque j'y revenais, le banc avait rapetissé avec les pièces de la maison, avec la maison et la ville, avec la rivière moins inconsolée, et avec les couchers de soleil moins infatigables, moins révoltés, moins violents. Le rouge du banc rouge avait pâli. Pourtant, dès que je m'y frôlais, j'avais le sentiment que j'étais à nouveau empêtrée dans le moule même où j'avais appris à la fois à entendre et à ne pas entendre, à parler et à ne pas parler, à dire sans dire, à rire sans rire, à pleurer sans pleurer, à penser sans penser, à haïr sans haïr, à aimer sans aimer. J'étais persuadée que la Pianiste et la Mouette continuaient de s'adresser à moi comme à la Petite à qui elles avaient, chacune à leur manière, appris à parler. Persuadée qu'elles continuaient de vérifier si j'avais bien compris ma leçon, bien compris le sens des mots que j'employais. Convaincue qu'elles continuaient de me demander de répéter ou d'exécuter mon morceau dans l'attente de la fameuse fausse note que nous avons appris à attendre de nous-mêmes et des autres, partout, dans toutes les disciplines. Je me trompais. J'avais tout faux. C'était moi qui continuais de les considérer comme celles qui m'avaient enfermée dans les impasses du non-dit, dans les doubles contraintes du dit. Même après toutes ces pages que j'avais écrites, elles restaient, à elles deux, les représentantes de l'injonction contre laquelle se battent éternellement les textes : « Tu ne trahiras pas les tiens. » Je me trompais. Elles m'avaient tenu la main quand j'apprenais à former les lettres. Elles désiraient que je parle

de la trahison que je pouvais commettre et elles désiraient que je la commette. Ce n'était pas elles, c'était moi
qui fuyais ce qui déjà n'existait plus, puisque, elles disparues, l'injonction reste entière. Je ne peux désormais
m'en prendre qu'à moi-même si je crois utile de trahir
une fois de plus les miens.

Jusqu'à trop tard, j'ai entendu leurs questions comme
ces marques d'amitié bienveillantes qui n'espèrent surtout pas qu'on se mette à fouiller pour exposer une
réponse. « Comment allez-vous ? » n'exige rien. On est
bref : « Je vais bien, merci », et l'univers reste stable. Merci
qu'on soit tranquille, merci qu'on n'ait pas à ébranler le
socle des pensées auxquelles nous sommes habitués,
merci de ne rien bousculer, merci de nous cuisiner
un râble de lapin et des cailles au gingembre, merci de
ne pas nous dire que vous venez de passer un examen médical ahurissant, merci de ne pas nous dire que
vous êtes atteint d'un truc nosocomial, merci de ne pas
nous contaminer avec votre cyclothymie, merci de ne
pas nous faire part de votre révolte personnelle à un
moment où la planète Terre souhaite voir disparaître
l'entièreté de cette espèce humaine qui refuse de cohabi-
ter avec les autres espèces, qui ne peut s'empêcher de
vouloir être la seule espèce, de vouloir être toute la
réponse, de vouloir être tout au prix de ne même plus
pouvoir en jouir, c'est-à-dire au prix de l'élimination de
toute semence dont elle ne contrôlerait pas la récolte. Et
quelle jouissance restera-t-il à cette espèce lorsqu'il n'y
aura plus aucun renard pour applaudir ? C'est bien ce

que Dieu se demande au début de la Genèse lorsqu'il est tout mais qu'il n'a personne à qui parler. Et voilà que l'espèce humaine veut s'installer précisément dans l'ennui où Dieu se morfondait avant de la créer.

« S'il te plaît, ne mêle donc pas Dieu à tes histoires », la Pianiste ne l'aurait pas dit. Elle serait allée au piano, elle aurait peut-être joué *Warum ?* de Schumann.

« Va-t-on bientôt bombarder les anges ? » se demande Henri Michaux dans *Passages. Le Monde* du 5 août 2007 rapporte que la Chine vient d'interdire la réincarnation. Les réincarnés seront interdits de séjour. Seront punis. Seront mis à mort. Faudra-t-il faire de la prévention chez les morts eux-mêmes ? Nous ne pouvons pas *croire* qu'une grande puissance interdise l'immortalité à ses sujets, mais nous entrevoyons de plus en plus clairement qu'une grande puissance sait que c'est en s'attaquant à une fiction jugée essentielle à la survie du peuple dont elle convoite le territoire qu'elle parviendra à l'en éradiquer, aujourd'hui la Chine au Tibet, presque hier les Espagnols, les Français et les Anglais, ici, en Amérique. Les affrontements des fictions jugées essentielles à la vie en commun sur cette planète constituent l'histoire de l'humanité. Et on ne peut raconter l'histoire de ces affrontements des fictions que par les fictions que sont les langues. On ne peut penser et parler, penser et transmettre, penser et agir que grâce à la capacité fictionnelle de la langue.

La Mouette puis la Pianiste ont disparu, mais ce qu'elles ont inventé jour après jour pour être du monde et dans le monde agit toujours en moi. *Être est une activité de fiction,* ça veut dire qu'on ne peut se penser soi-même et penser le monde, penser et transmettre sa pensée, penser et agir que grâce à la capacité fictionnelle de la langue elle-même. C'est la langue, une fiction bien sûr, qui nous permet de nous inventer durables dans la durée, durables dans l'action, durables dans le temps. Nous sommes faits de plusieurs histoires qui doivent trouver les moyens de s'entendre entre elles. Lorsque les histoires dont nous sommes constitués ne s'entendent pas entre elles, nous ne nous entendons plus avec personne. Nous n'arrivons plus à être du monde dans le monde. Lorsque les guerres intérieures entre les histoires parviennent à s'entendre, nous trouvons comment redevenir du monde et être du monde dans le monde.

Ça ne veut pas dire qu'il n'y a pas de réalité ni qu'il n'y a rien de réel. Ça veut seulement dire que la réalité et le réel sont insaisissables sans ces fantastiques appareils inventés par la nécessité de vivre en commun que sont les langues. Si nous pouvions, comme espèce humaine, intégrer cette petite chose si simple, nous ne verrions plus jamais *ce que nous pensons* ni *ce que nous croyons* de la même manière. Mais l'appareil narratif qui nous sert à créer nos histoires et à *y croire* ne veut pas de cette petite chose très simple qui lui annonce que les histoires inventées pour la vie en commun varient d'une communauté à l'autre, varient d'un climat à l'autre, varient d'une traversée de l'histoire à l'autre. C'est une idée que l'appareil narratif ne peut pas assimiler. C'est une idée qui l'empêche de fonctionner comme il a su devoir le faire depuis son apparition sur la Terre pour la survie et le maintien de l'espèce. Nous ne pouvons pas reconnaître la nécessité de *croire* à nos propres histoires, nous ne pouvons admettre qu'elles soient des versions et nous tombons toujours des nues lorsque nous entendons parler des croyances des autres. Nous nous voyons comme des êtres affranchis de toute croyance à un moment où notre foi en l'imminence d'une réponse technologique définitive à la souffrance, à la maladie et à la mort est plus forte que jamais, comme si l'espèce tout entière était possédée par l'obsession de l'empereur Qin Shi Huang.

Chaque individu, puis chaque groupe d'individus, ne peut survivre sans les fictions qui le constituent, qui lui permettent d'entreprendre de génération en génération ses versions du monde et de les transmettre. La faculté de nous raconter des histoires grâce aux outils langagiers dont nous avons hérité, la faculté de graver ces histoires dans la mémoire, de les pratiquer rituellement pour nous inscrire dans le temps et nous projeter dans des futurs immédiats et lointains est fascinante. Grâce à elle, nous pouvons éprouver l'émotion éphémère mais fulgurante de ce que *serait* la *toute-connaissance*. Cependant, comme chacune de nos facultés, elle est fragile. Un peu trop de soleil nous rend aveugles. Un peu trop de décibels détruisent l'ouïe. Quelques degrés de plus ou de moins sous les températures normales, quelques mètres d'altitude ou de

profondeur en plus ou en moins signent notre arrêt de
mort. La faculté narrative qui crée et intègre les événements a aussi ses points limites au-delà desquels elle
déraille. Ces points frontaliers, nous ne les repérons pas
facilement. Lorsqu'ils ont été outrepassés, les moyens que
nous aurions eus de les reconnaître ont sombré avec elle.

La littérature est un des moyens par lesquels nous
pouvons prendre conscience de l'activité narrative qui
nous est propre, par lesquels nous pouvons l'élargir et en
accroître la force et l'étendue. La littérature, on ne la lit
jamais qu'avec l'histoire qu'on est en train d'inventer
pour soi-même, qu'avec l'histoire en perpétuelle gestation de sa propre vie. Je dis histoire ou récit comme je
dirais souffle. Jusqu'au dernier souffle et à chaque souffle,
il y a de l'histoire qui coule en nous comme l'oxygène
dans le sang. Sans ce souffle qui nous crée et nous écrit,
nos vies seraient dénuées de sens, de lien, d'espace, de
temps. Nous ne saurions ni rire ni sourire ni nous attris-
ter. Nos vies seraient, comme l'écrit Georges Bataille,
« privées de merveilleux », ce dont la longue vie de la Pianiste ni celle, trop brève, de la Mouette n'ont été privées.
C'est en préparant un cours sur la création littéraire, alors
que j'ai dû faire l'effort d'« arrêter ma violence », c'est-
à-dire de sortir de cette alternance de fuite et de mutisme
face à toute question concernant la création et la fiction,
que j'ai commencé à regretter de n'avoir jamais répondu
de vive voix à aucune question, de n'avoir jamais
répondu que par une nouvelle histoire, et que j'ai voulu
réparer ma méprise en essayant de transmettre ce que

j'avais reçu de meilleur et de pire pour que ma pensée ne soit pas, pour le moment, une espèce menacée. Or plus j'avançais dans mon entreprise, plus les histoires se multipliaient, toujours plus séduisantes, plus agissantes et fertiles que mes lourdes explications. *Histoires de s'entendre* veut rendre compte de cette tentative tardive de montrer que nous ne pouvons vivre, ni comme individu, ni comme groupe, sans les fictions qui nous fondent.

FRA 3580

Où, quand, comment est-ce que j'avais donc appris à inventer et à écrire une histoire, j'ai bien été forcée de me le demander le jour où j'ai accepté une résidence d'écrivaine à l'Université d'Ottawa. J'avais déjà fait deux résidences dont j'avais eu du mal à me remettre. J'avais décidé de ne plus jamais en accepter à moins qu'elle ne puisse inclure un cours, un séminaire, un atelier, comme on voudrait, mais qui donnerait des crédits aux étudiants qui le suivraient. Les horaires universitaires sont si chargés que presque personne ne trouve le loisir de participer à des activités non créditées. Je n'ai pas eu à m'expliquer très longtemps. L'Université d'Ottawa s'était depuis longtemps rendu compte de cet état de fait et y avait remédié en demandant à l'écrivain en résidence de donner un cours de création littéraire crédité en bonne et due forme.

J'avais toujours été contre les cours intitulés « de création littéraire ». Une fois pour toutes, me suis-je dit, il va me falloir tirer au clair cette affaire de création de manière à proposer aux étudiants de FRA 3580 ce qu'on m'a transmis de meilleur et de pire pour me préparer à devenir celle qui a écrit les histoires que j'ai écrites jusqu'à maintenant, sans manquer de prévenir ces étudiants qu'il n'existe, entre ce meilleur et ce pire et le résultat de leur transmission, aucun rapport de cause à effet susceptible d'être érigé en méthode ou en truc, en recette ou en kit de création.

En cherchant à établir les étapes marquantes de mon apprentissage, j'ai constaté qu'on m'avait d'abord appris à orthographier les mots, à les épeler lettre par lettre, à les appeler, en les séparant les uns des autres et en les isolant du flux aérien des sons de la langue parlée acquise entre zéro et cinq ans. À l'époque où mon esprit était un chaos primitif, sorte de magma où vivaient en fusion les noms des gens et des choses, les comptines et les berceuses, la terre, le ciel, les maisons, les pianos et les bancs rouges, l'orthographe est venue mettre un peu d'ordre en freinant la barbarie qui y sévissait, en départageant quelques-uns des éléments qui y fusionnaient, en me domestiquant aussi sans doute et en me civilisant dans une petite mesure. Il fallait bien qu'il y ait eu une deuxième étape.

En réfléchissant un peu plus loin, j'ai fini par discerner la zone grinçante, laborieuse, malcommode de l'apprentissage de la grammaire. Il me semblait que c'était l'analyse grammaticale qui avait forcé mon esprit à devenir conscient de sa propre opinion, quand ont été introduits les temps, les causes, les effets et les circonstances des causes et des effets, tels que la langue les trie, les ordonne et les parle. Les heures de retenue après la classe que m'avait valu mon obstination à résister au classement des causes et des effets, des motifs et des résultats, avaient certainement joué un rôle de premier plan dans mon apprentissage de la lecture et de l'écriture. Ma manie de plaider que les causes et les effets se confondent souvent avec leurs circonstances et que certaines circonstances sont des causes, que certaines causes sont des circonstances, que certains effets sont des causes, que certains effets sont à l'origine de plusieurs circonstances a irrité mon entourage pendant des années. Je préférerais ne pas m'en souvenir. Comment pourrais-je m'excuser auprès de toutes ces personnes à qui j'ai fait perdre tant d'heures ? Je voudrais plutôt les remercier de ne m'avoir jamais réglé mon compte dans une ruelle. Je dois énormément à leur irritation, à cette époque où je ne mesurais pas à quel point la grammaire était l'apprentissage d'un ordre qui constituait un corpus d'ordres auxquels les parleurs d'une langue commune devaient se plier s'ils voulaient se faire comprendre lorsqu'ils auraient besoin de nourriture, de vêtements, de soins médicaux, d'éducation, de justice, d'amitié et d'humour. De toute façon, il fallait aller plus loin dans la reconnaissance de mes dettes, car les étudiants de FRA 3580 en avaient terminé depuis longtemps avec ces deux apprentissages de la grammaire et de l'orthographe, essentielles pour lire et écrire. Mais tout de même, une petite chose de plus au sujet de la grammaire. C'est elle qui m'a posé la première l'énigme du futur du mode indicatif. Ou est-ce que je devrais plutôt dire que c'est là, au moment de la question du futur du mode indicatif, que j'ai senti une sorte de vertige traverser toute la langue qu'on m'avait apprise, que j'avais imitée et répétée ? L'indicatif est le mode du plan où le sujet constate et affirme les faits. Il y a donc, dans la langue, un futur dont le sujet ne doute pas, c'est le futur de l'indicatif ? Pourquoi est-ce que, subitement, toute la langue va m'apparaître comme le mensonge sur lequel les adultes se sont mis d'accord ? Qui connaît un futur dont il peut être sûr ? J'aurais dû me taire, évidemment. Avant que j'aie pu finir de traduire en mots mon trouble et mon étonnement, sœur Sainte-Ernestine m'avait asséné un violent coup de ciseaux sur la tête : « Suffit, les fantaisies ! » Le vertige est devenu absolument réel sous la forme d'une petite bosse irritée que mes doigts pouvaient sentir à travers mes cheveux.

Une fois acquise l'habileté de la lecture et de l'écriture, il s'agit de passer à la pratique intensive. Si on a la chance inouïe de grandir dans un milieu où la lecture n'est en aucun cas vue comme une sournoiserie, une oisiveté ou un vice, ou comme une atteinte mortelle à la rentabilité ou à la santé, où l'écriture (d'un journal, par exemple) n'est en aucun cas objet de curiosité ou d'enquête, ou carrément de fouilles parentales, eh bien, on lit et on écrit. Le reste, le silence, l'écoute, la patience, la rage, la révolte, la capacité d'être seul, d'être seul partout et nulle part, seul pour pouvoir être tous à la fois, dans l'accueil aux mains ouvertes, dans aucune question, dans aucune réponse, dans aucune langue, d'être seul et de rester là, dans l'attente, où l'avais-je appris ? Est-ce qu'on apprend à rompre ? Rompre avec qui, avec quoi ? Où et comment apprend-on qu'il y a un lieu à rejoindre, un lieu dont on doit inventer l'itinéraire pour s'y rendre, qu'on atteindra à n'importe quel prix, tout en sachant que ce prix a tout à voir avec l'écoute et la solitude ? Qui m'avait transmis cette certitude que le voyage du nomade est le lieu même qu'il a à rejoindre ? Étaient-ce les heures passées dans le saule, passées sur l'arête du toit, passées sur les poutres de la forge, passées sur le banc du jubé, passées sur le banc du piano à côté de la Pianiste, ou sur le banc rouge quand la maison était endormie ou déserte ? Les heures passées à scruter l'eau noire et emportée des rapides de la rivière Harricana, à jouer furieusement au ballon, au drapeau, aux billes, au hockey, à découvrir les hiérarchies de la peur : qui a peur de qui dans cette ville, qui a peur de Duplessis, qui a peur de l'évêque, qui a peur des ombres, qui a peur que son jupon dépasse, qui a peur de s'aventurer jusqu'au campement des Sauvages, qui a peur de Dieu ? Dieu sait-il tout de chacune des fourmis de la fourmilière ? Que veut dire tout entendre ? Entend-il la chute du mouchoir sur le sol lorsqu'on joue au mouchoir ? Qu'est-ce que tout connaître ? Est-ce prendre le train de midi jusqu'à l'océan Pacifique ? Les heures passées à ne rien faire et à attendre quoi ? Non seulement toutes les réponses à ces questions sont anecdotiques, du domaine privé, mais elles sont toutes constamment à réinventer, elles sont changeantes, elles appartiennent à l'invention de l'œuvre elle-même et ne peuvent faire l'objet d'une transmission autre que celle qui est propre aux œuvres elles-mêmes. Il fallait donc continuer à pratiquer « l'orthographe et la grammaire », c'est-à-dire continuer à lire le monde et les œuvres en devenant de plus en plus conscient de sa propre écoute, de manière à repérer cette destination qui est destin, route et voyage.

Toujours en prévision de ce cours de création, je me suis tournée vers les œuvres qui avaient élargi la conscience de ce lieu, vers les œuvres qui avaient eu la plus grande force de séduction pour m'attirer en elles, de conviction pour me transformer, qui m'avaient persuadée de leur faire confiance et auxquelles j'avais peut-être commencé à me confier dans l'étonnement d'un dialogue possible, intense, continu. C'est une bien longue phrase pour parler tout simplement de ces abris nucléaires qu'ont été Saint-Denys Garneau, Anne Hébert, Pierre Jean Jouve, Brecht, Beckett, Bataille et Duras, Bernhard, Jean-Luc Godard, et Proust bien plus tard. Je veux parler bien sûr des *œuvres* de ces derniers. À partir du fait que c'était le dialogue avec ces œuvres qui m'avait le mieux mise à l'abri de la désintégration, qui m'avait fait le mieux entendre ma propre voix intérieure, j'ai décidé que j'allais proposer aux étudiants une exploration du monologue intérieur, c'est-à-dire une exploration du monde là où il commence et finit pour chacun des individus de l'espèce humaine. Le monde n'est nulle part ailleurs que dans le monde des pensées de chacun. Et c'est par un exercice préliminaire que FRA 3580 a débuté.

L'exercice préliminaire entrecoupé
de segments imaginés de monologue intérieur

Prendre une page blanche et un crayon.

(« *Pourquoi blanche ? Pourquoi pas bleue, rose ou verte ? Rose ouverte. Parce qu'il n'y a pas d'angoisse de la page bleue, rose ou verte ? (Rose ouverte : angoisse de la fin.) Parce que "page blanche" ne veut pas dire "feuille blanche" ou "papier blanc", mais feuille ou papier vide de mots orthographiés. "Page blanche" veut dire page nue, page vide et muette (la plage de Knokke-le-Zoute à la fin novembre), veut dire papier qui attend, papier qui appelle la fuite (lâcher mon guidon dans la grande côte) ; la perte de temps (poireautage ad libitum), la punition, l'absence (Loup y es-tu ?), l'ignorance (fosse océanique, gouffre de Padirac), la vérité (l'aveu, x = y, oreilles de papillons), l'inspiration (bof, poffe, crêpe au chignon de Muses). Pourquoi un crayon ? Pourquoi pas un stylo ? Pourquoi pas un clavier et un écran ? Et maintenant, qu'est-ce qu'on fait ?* »)

Se donner soixante secondes pour noter les éléments sonores perceptibles dans le lieu où on se trouve, à partir des plus éloignés, en se rapprochant jusqu'aux plus près de soi.

(« *Pourquoi classer s'ils arrivent en fouillis et en vrac ? Les ultrasons (les chats). Bruits : acouphènes (n'ai pas), battements (cadran ou horloge ? cœur), bourdonnements, bruissements (arbres, vent, vêtements), chocs, chuchote-ments, chuintements (prothèses), clapotis (eau dans les*

bouteilles, soupe dans le ventre), clappements, claque-
ments (drapeaux, bannières, jeux olympiques), couine-
ments, crépitements (… ton ardeur nous réjouit), crisse-
ments (asphalte, bitume, freins), échos (pourquoi soixante
secondes ?), éclats (pourquoi se presser, pourquoi pas cinq
minutes), friture (faim, nausée), froissements (ça fait
combien de secondes ? je n'y arriverai jamais), frôlements,
froufrou, gargouillis (j'abandonne, je ne sais pas où on va),
glissements (couleuvre, serpent), ronflements, ronrons, rou-
lements, rumeurs, sifflements, souffles, soupirs (agacement
suprême), tintements, vrombissements, voix, cris, pleurs,
rires, fous rires (quand elle a sorti ses lunettes), chantonne-
ments, chants, fredonnements, gazouillis, gémissements,
hurlements, marmonnements, murmures, râles, vociféra-
tions… »)

On a maintenant sur la page le dessin orthographié
de la structure sonore du lieu où on se trouve. Pendant
les deux minutes qui suivent, tenter de se rappeler et de
noter les pensées ou bribes de pensées, éclairs, segments,
filaments d'images, bouts de trame sonore, qui ont traversé l'esprit pendant qu'on était concentré sur la reconnaissance des sons.

(« Je n'appellerais pas ça des pensées, moi… à quelle
heure on meurt, c'est un titre ? Pourquoi rien ? Elle doit
absolument faire un bilan. Impérativement n'a rien à voir
avec impératrice. Eau pétillante, eau plate, plate-bande,
bande lumineuse, Boeing et sortie de secours, guitare sèche,
pétard mouillé, vertige, je suis allé trop loin, ne sais plus par

quel son revenir, redescendre de l'échafaudage sonore,
dégoûtant, un truc qui dégoutte, sept fois huit cinquante-
six, si c'est un cancer, je ne sais pas ce, payer pour ça, je lui
ai dit jamais, je ne veux jamais revoir ton bec de vinaigre.
Je n'ai aucune pensée fugace, je n'ai que des flashes. C'est
des mouches noires qui n'ont pas faim… Avec ou sans
extra ? Délivrez-moi des jeux de société et des jeux pédago-
giques le plus tôt possible ô quelqu'un, je ne supporte plus,
je craque : craquètement, c'est le cri du grand héron. Le
grand héron craquette dans le ciel tourmenté en si *bémol*
mineur comme jeté dans le feu le sel craquette… »)

(« Chère madame, rien. Depuis très longtemps,
aucune. C'est vide. Y'a pas. Juste une vague. Une nausée.
Rêves non plus. Poutine, c'est ça qui vient dans la bouche,
poutine. Élevage d'émeus. Vous rencontrer ailleurs. Vous
voir nous seuls. Moi seul et vous seule. Où ? Pas d'idée, mais
pas à table. Pas à la même table. Vous à une table. Moi plus
loin. De dos. Pas de pensée. Pas d'éclair. Pas de bribes.
Depuis. Depuis quoi ? Rien. »)

(« Les verbes à l'infinitif sont souvent des impératifs.
Est-ce qu'elle va ramasser les copies ? Est-ce qu'elle va les
noter ? Elle ne l'a pas précisé. Je ne lui remettrai certaine-
ment pas ma copie. Les autres feront bien ce qu'ils veulent,
mais moi, pas question. Si je n'écris rien, je ne risque rien.
Je n'écris rien. Je ne risque rien. Elle peut les ramasser. Elle
trouvera la page blanche. On n'est pas à la confession.
Elle est fagotée. Elle est enthousiaste. Pourquoi ? Pour-
quoi l'enthousiasme ? Elle est vibrante. Je n'entends que sa

*vibration de… C'est sa voix. Elle n'avait qu'à préciser si elle
notait. Si elle ne note pas, ça sert à quoi ?* »)

Si on désirait poursuivre cet exercice en tentant de
noter les pensées qui ont de nouveau surgi pendant
qu'on essayait de se souvenir et de noter les précédentes,
on devrait y passer une bonne partie de la vie. Certains
auront cependant constaté, avec ou sans étonnement,
qu'aucune pensée ne leur venait, en tout cas sous aucune
forme repérable, que leur esprit était devenu lui-même
une page blanche, nue, muette, dès l'instant où ils se sont
mis à son écoute. Comme si l'écoute était, pour leurs
pensées, le signal de la fuite. Peut-être avais-je omis de
dire que je ne ramasserais pas les copies ? Peut-être que
certains ont cru qu'ils seraient notés ? L'exercice préliminaire n'attend ni aveux ni livraison. Il peut seulement
faire prendre conscience que le silence, l'attention, la
concentration font jaillir dans l'esprit des brouillons, des
bredouillements, des amorces, des filaments de pensées,
d'histoires, de récits qui paraissent n'avoir aucun sens,
aucune utilité, aucun destin ni destinataire ; il peut seulement faire prendre conscience que le silence, l'attention, la concentration ont parfois pour effet de vider l'esprit de ces manifestations de l'activité de la machine
narrative, sans perdre de vue que le vide, le silence, le
mutisme figurent parmi ces manifestations.

II

L'appareil narratif

Nous sommes seulement composés d'idées
qui ont surgi en nous et que nous voulons,
que nous devons réaliser parce qu'autrement
nous sommes morts, ainsi pense Roithamer.

Toute idée et toute poursuite d'idée
à l'intérieur de nous-même sont la vie,
l'absence d'idées est la mort.

THOMAS BERNHARD, *Corrections*

Quelques précisions

J'avais intitulé ce cours *Le Monologue intérieur*. C'est au fil du semestre que j'en suis arrivée à *La Machine narrative*, et enfin à *L'Appareil narratif*. Il fallait décrire le cours, en fixer l'objectif, établir la notation. Après l'exercice préliminaire, j'ai rappelé que Rimbaud avait achevé son œuvre à vingt ans. C'était suffisant pour évoquer qu'on ne peut décemment croire qu'un cours de création littéraire a affaire avec le don qui échoit à certains et pas à d'autres. Mais un don différent peut échoir à d'autres et pas à certains. Aiguiser la perception du monologue intérieur n'est pas une affaire de don. C'était l'objectif premier du cours. Au sein du monologue intérieur, on peut s'approcher d'une machine narrative sans clef de contact, sans commutateur, qui poursuit son activité de narration aussi bien dans l'éveil que dans le sommeil, comme le cœur et les poumons, la lymphe, le foie, les reins poursuivent leur travail de pompage, de nutrition, de répartition, de filtrage, de distribution, tant dans l'éveil que dans le sommeil. Nos expériences prennent souvent, dans notre esprit, la forme de rêves fugaces. Nous tenterions de nous en saisir. Peut-être aurions-nous alors atteint notre but : la découverte qu'un immense réservoir privé foisonnant d'histoires et d'idées d'histoires existe en chacun, et que ces histoires n'attendent que leur écoute pour être amenées au jour, c'est-à-dire dans les mots. En littérature, le jour, ce sont les mots sous leur forme orthographiée.

Au point où j'en étais de ma présentation, je me suis mise à redouter qu'on ne se méprenne sur cette entreprise d'aiguisage de perception et qu'on ne la confonde avec un projet de séances de confession intime ou de thérapie de groupe. C'était en tout cas ce que j'aurais craint moi-même si on m'avait proposé un tel programme sans y apporter quelques précisions supplémentaires. J'aurais vite imaginé qu'il me faudrait me creuser, me mettre en contact avec le plus abyssal moi de mon moi, avec la part la plus entraillée de mon moi-même extrême. Peut-être étais-je la seule à être aussi pudique, aussi antédiluvienne. Mais au cas où mon allergie au tripotage du moi se serait reproduite, j'ai précisé. Je leur ai fait part de ma conviction que la création littéraire ne peut en aucun cas ressembler à un travail sur le moi du moi, ni sur le sur-moi et le soi-même, ni même sur une confiance ou sur une estime de soi présumée nécessaire à l'écriture, malgré le fait que certaines œuvres *peuvent ressembler* parfois à un compte rendu d'une telle entreprise. De merveilleux textes ont été écrits par des gens qui n'avaient aucune espèce de confiance en eux ni en personne, aucune espèce d'estime de soi. C'est précisément avec ce manque, et grâce à lui, et grâce à la manière que ces gens ont eue d'enraciner leurs textes dans ce manque, que ces textes sont si denses et lumineux. De plus, l'expérience de lire et d'écrire ne sera jamais une expérience de groupe. Ajoutons, je l'ai ajouté, que le monologue intérieur est constitué de milliers de voix ; c'est un réservoir infiniment vaste, large, riche, inépuisable, qui déborde de loin nos fiches identitaires. Ajoutons, je l'ai ajouté, que l'écrivain, l'écrivaine, n'a rien à voir avec la « meilleure façon » de vivre, avec la « meilleure manière » de penser le monde, avec la « bonne et juste manière d'écrire ». Le travail de l'écrivain consiste à repérer sa voix et à la travailler, comme quelqu'un qui veut devenir chanteur doit repérer sa voix et la travailler pour qu'elle devienne de plus en plus sa propre voix, et non pas pour qu'elle se normalise et se banalise et qu'elle devienne la voix de n'importe qui. Si on voulait tous devenir la même écrivaine que l'auteure de *Harry Potter,* il fallait immédiatement renoncer à suivre FRA 3580 et courir s'inscrire là où on les guiderait dans cette direction.

FRA 3580 avait donc pour objectif d'explorer diverses facettes du monologue intérieur pour en aiguiser la conscience. Nous n'avions qu'un semestre pour le faire. J'ai poursuivi cette exploration seule ou avec d'autres groupes d'étudiants ou de professeurs de littérature les années qui ont suivi. Je remercie ceux et celles qui ont contribué, par leurs questions, leurs résistances, leurs confidences, à me convaincre que cette aventure pouvait être utile à d'autres.

L'oreille dormante ou la marge de plaisir

Ces éclats, échos, miroitements, ruissellements de pensées qui se forment et circulent en nous, qui manifestent l'activité de la machine narrative interne lorsqu'ils entrent dans le champ d'audition ou de vision de la conscience, sont, pour la plupart, réfractaires à l'observation directe. Ils n'aiment ni les micros ni les caméras cachés qui les cristalliseraient, les figeraient à des moments où ils ne seraient pas prêts à être cueillis, les privant du jeu et de la vitesse nécessaires à leur fonction. Pour les saisir au passage, une des stratégies consiste à leur tendre le piège de *l'oreille dormante*. J'emprunte l'image aux pêcheurs. La *ligne dormante*, lestée et jetée au fond de l'eau, y reste sans qu'on ait à la tenir. Le pêcheur peut même piquer un somme au bord de l'eau. Un filet dormant ou un verveux comme on en voit au quai de Portneuf, où des filets, montés sur des cercles formant un entonnoir, conviennent aussi bien. Si on n'attrape rien avec l'image de *l'oreille dormante*, on peut recourir à d'autres ruses, à celle du collant à mouches punaisé au plafond (si on dispose d'un banc rouge permettant d'atteindre le plafond du champ de la conscience) ; à celle du félin jouant la torpeur de l'assouvissement pour hypnotiser sa proie ; à celle de la goutte tremblante qui ne se décroche pas de la pointe de la stalactite et qui capte alors des images de toute sa grotte ; comme on voudra. Ce qui compte, c'est de décider d'une méthode. Pour ma part, j'ai commencé ma pratique d'une méthode au cours de mes études, grâce à l'habitude qu'avait la prof de langue et littérature grecques de laisser la classe digresser à sa guise lors d'une discussion. Elle nous rappelait ensuite à l'ordre en nous demandant de revenir sur nos digressions et de trouver comment nos propos s'étaient enchaînés les uns aux autres. Si nous avions carrément sauté d'un sujet à l'autre, nous devions trouver sur quoi nous nous étions appuyés pour réussir nos bonds. C'est là que j'ai pris conscience qu'il me fallait prévoir une marge importante dans ma tête et dans mes papiers si je voulais rendre compte de la multiplicité des liens qui se nouent au cours d'une simple conversation. Il me faut ajouter que la participation à ces brèves séances de *rewind* ne faisait l'objet d'aucune notation. Il n'y avait que du plaisir, avec une prof plutôt grincheuse par ailleurs. Peut-être que de voir ses petits yeux noirs pétiller de surprise à la découverte d'un lien qu'elle n'avait pas soupçonné a suffi à me convaincre de poursuivre des exercices de marge jusqu'à ce que mes cahiers ne soient plus que de vastes marges de plaisir. Mais surtout, jusqu'à ce que je n'aie plus besoin de prendre des notes sur du vrai papier et dans de vraies marges parce que cette marge — l'oreille dormante — s'était intégrée à ma respiration. Ligne dormante, oreille dormante, ça rappelle la double écoute, celle dont on fait l'expérience lorsque le ressassement des émois amoureux n'empêche pas de suivre le cours de chimie. La double écoute que développe le recours à l'oreille dormante peut se pratiquer dans n'importe quelle situation quotidienne, puisque la machine narrative tourne à temps plein. Si on s'applique à noter chaque jour quelques-unes des « émissions » qu'on aura captées en provenance du magma intérieur, par exemple en faisant du vélo ou en regardant un film, ou en assistant à une conférence sur les régimes d'épargne-retraite, la double écoute en viendra à nous paraître naturelle. Pourtant, elle ne sera jamais acquise une fois pour toutes, et la machine narrative arrivera toujours à ramener au magma les lignes dormantes qu'elle aura repérées. Si l'oreille dormante n'est pas exercée régulièrement, elle se fige dans une grimace nostalgique qui est une forme de surdité hébétée. Plus elle est exercée, moins on a besoin d'écarquiller les yeux et de froncer les sourcils pour entendre, moins on a besoin de traîner son cahier de notes, et plus on a de plaisir à faire reculer les limites de l'audible, au-dedans et au-dehors.

Avant d'aborder quelques-unes des tâches accomplies par la machine narrative, je désire préciser que ces exercices de double écoute ne peuvent être confondus avec l'examen de conscience, l'introspection, la méditation et la contemplation, l'écriture automatique ou l'association libre. Même si chacune de ces pratiques est susceptible de reculer les limites du champ de conscience, ce sont les buts visés et les enjeux de ces différentes pratiques qui diffèrent.

L'examen de conscience est un moyen de connaissance de soi qui, d'une part, concerne l'individu. L'apprentissage de l'observation de sa conduite du point de vue moral ou religieux par la conscience individuelle existe au moins depuis l'Antiquité et a traversé quelques siècles avant de prendre la forme que nos ascendants ont connue. Rimbaud à Charleville et Proust à Combray, autant que Saint-Denys Garneau à Sainte-Catherine-de-Fossambault et Nelligan à Montréal, ont mémorisé un répertoire d'erreurs de conduite morale (de péchés) à l'aide duquel ils ont fait les petits ménages dominicaux et le grand ménage pascal de leur conscience. Il est difficile de mesurer comment, pour chacun, ces pratiques de l'enfance les ont mis sur la route de leur œuvre, mais elles ont sans doute joué un rôle dans l'écoute des signes qui nous mettent sur cette route.

D'autre part, lorsqu'un parti politique annonce qu'il va faire son examen de conscience à l'occasion d'un prochain congrès, on comprend qu'il va remettre en question ses stratégies au regard des buts qu'il vise. Il ne s'agit plus de la conscience individuelle ; c'est à la conscience du parti, du groupe, du regroupement, de l'association qu'on a affaire, cette conscience qui se développe dès la préadolescence avec la découverte que la famille à laquelle on appartient n'obéit pas tout à fait aux mêmes codes, n'a pas tout à fait les mêmes « valeurs » que toutes les autres familles de la rue, du quartier, de la ville, de l'autre ville, du pays, de l'autre pays. On notera au passage que s'engager dans la recherche des sentiments et des pensées provoqués par la perception des différences entre « chez eux » et « chez nous » et « chez les Untel » est toujours bénéfique pour se rapprocher des détails dont se nourrit l'appareil narratif. À cette période et pendant toute l'adolescence, la formation de clans qui cherchent à se différencier les uns des autres fait surgir de nouvelles versions du répertoire de comportements, d'attitudes, de vocabulaires. Toute association, même la plus brève, devra sa cohésion à la version qui possédera la plus grande force de séduction. L'autocritique est une des formes d'examen de la conscience sociale ou politique dont on fait l'apprentissage dès les premiers règlements de compte au sujet d'un sac de billes.

Quant à l'oreille dormante, elle n'a rien à voir avec quelque répertoire susceptible de déterminer lesquelles des pensées qui viennent de traverser l'esprit sont noires, blanches ou grises, même s'il est possible que, pour certaines personnes, il soit actuellement presque impossible de « penser » sans départager leurs pensées entre les positives et les négatives, les deux nouvelles catégories de « péchés » qui sévissent actuellement, et dont les vendeurs d'antidépresseurs possèdent le catéchisme. Ce que nous voulons explorer, ce sont les ruses du monologue intérieur pour échapper à ces lavages successifs de cerveaux ou de conscience qu'on appelle désormais la climatisation ou le bon et le mauvais conditionnement. Pour emprunter le jargon des statisticiens, disons que les gens qui ont pratiqué dans leur enfance une manière ou une autre d'examen de conscience sont plus susceptibles de développer une oreille dormante efficace que ceux qui n'ont pratiqué dans leur enfance aucune manière ou l'autre d'examen de conscience, comme individus ou comme membres d'un clan, d'un club, d'un groupe ou d'un parti.

L'introspection n'est pas non plus une oreille dormante. Quand on entend les athlètes analyser le saut, le plongeon, le tir, la course qu'ils viennent à la minute d'accomplir, on a l'impression que ce *rewind* instantané de leur performance est une forme accélérée d'introspection. Quand ils ne peuvent expliquer leur résultat par la seule technique, ils parlent de leur motivation. Ou elle était assez puissante pour les soulever jusqu'au podium, ou elle ne l'était pas assez parce que ce n'était pas leur jour. Je ne parviens pas, à les entendre, à établir si la motivation est d'ordre moral ou hygiénique. L'introspection est un mode d'observation de sa propre conscience à laquelle l'enfant est convié lorsqu'on lui demande d'aller réfléchir dans un coin ou dans sa chambre à *ce qui s'est passé*. L'appareil narratif est alors en plein état de marche, sans être conscient de l'être, tout occupé par son objet qui est *ce qui s'est passé*, et non *ce qui se passe* lorsque je me raconte ce qui s'est passé, ni *comment* je suis en train de me raconter ce qui s'est passé.

La méditation, de son côté, appelle au recueillement par le biais d'une réflexion en profondeur sur un thème. Elle se pratique de plus en plus comme « hygiène de vie » pour les cerveaux surexcités par la vie contemporaine. Elle vise alors à l'apaisement de l'effervescence mentale provoquée par les doses massives de stimulations répétitives à laquelle on est soumis. Certaines entreprises, s'inspirant du modèle japonais, proposent à leurs employés des séances de méditation quotidiennes. L'esprit profite d'une pause pour s'élever au-dessus du chaos narratif et atteindre, idéalement, la sérénité zen. Ou encore, par l'acquisition d'une gymnastique respiratoire comme en proposent le yoga et le taï chi, on parvient à fermer aux pistes narratives enregistreuses-enregistrées l'accès au champ de conscience, ce qui ne gêne absolument pas l'appareil narratif dans l'accomplissement de ses tâches essentielles : si l'alarme d'incendie se déclenche, l'appareil narratif se mettra immédiatement en mode alerte et précipitera ma sérénité dans l'escalier de secours.

Comme pour la méditation, l'écriture automatique demande à la conscience de renoncer à se faire entendre de manière à libérer le passage entre le magma parlant et la main qui écrit. Le jeu surréaliste espérait court-circuiter ce que le *murmure intérieur* a de stratégique pour délivrer l'art des conventions sociales, morales ou logiques où il croupissait selon les surréalistes dans les années 1920. La pratique de *l'oreille dormante* ne vise pas la création d'une œuvre, n'est pas réservée à l'exercice d'un art. On cherchera davantage à repérer les modes et les fonctions des récits intérieurs. Alors que l'écriture automatique désire rompre avec les logiques narratives de ces récits, nous aimerions découvrir ce qu'elles ont de nécessaire, d'indispensable à notre existence comme sujet de nos vies.

L'association libre, qui est une méthode par laquelle le sujet est invité à exprimer tout ce qui lui vient à l'esprit sans discrimination, appartient à la cure analytique et à son cadre. Elle ne correspond en aucune manière à celle qui est proposée ici. Bien que, sous certains aspects, on puisse dire que *la double écoute,* telle que décrite dans la littérature psychanalytique, a des similarités avec *l'oreille dormante*, et que s'approcher de son propre *chaos* narratif est susceptible d'évoquer la libre association, dans le cadre de la narrativité à l'œuvre dans la lecture et l'écriture, ces ressemblances ne nous seront utiles que lorsque nous tenterons de reconnaître, dans le fatras des pistes sonores, la zone où chacun se crée et isole l'interlocuteur essentiel à l'écoute de sa propre voix intérieure.

Chacun s'est inventé une façon d'écouter et d'entendre, de s'écouter et de s'entendre lui-même irréductible à celle de tout autre. Pour façonner notre propre oreille vigile, nous utilisons des éléments de toutes les formes d'écoute que nous avons expérimentées au fil de nos premiers apprentissages. L'écoute de chacun est construite sur le chantier de ses propres expériences. Il n'y a pas d'oreille neutre ou objective, comme on aimerait parfois le croire, comme on désire que la Justice ou la Science en ait une. La Justice nous fournit un bon exemple d'une oreille formée à l'écoute des événements *suivant* le code de justice qu'une société s'est donné pour que ses membres « s'entendent ». Ce n'est pas une objectivité ou une impartialité individuelle que la Justice doit mettre en pratique, mais bien une objectivité issue d'une convention, fondée sur l'écoute des lois et des règles que telle société a jugé bon d'adopter à partir du début de son histoire commune et à travers les siècles de sa vie communautaire. « Nul n'est censé ignorer la loi » fait référence à la loi qui gouverne la communauté, et en aucune manière à la loi interne qui régit chaque individu de la communauté, qui est, elle, d'un ordre étranger à la loi commune. Aucun individu ne peut prétendre connaître la totalité des lois et des règles qu'il a adoptées pour lui-même à travers les péripéties de sa propre survie, et qui gouvernent sa perception du monde. Cette connaissance exigerait plus de temps que la vie d'un individu qui s'y consacrerait entièrement, exigerait l'arrêt du mouvement au sein des règles et des lois, c'est-à-dire un arrêt de mort. S'il ne peut en connaître la totalité, il peut en approcher des pans entiers pourvu qu'il s'en donne quelques moyens. L'écoute de ce qui se raconte entre lui et le monde, l'attention à la manière dont ça se trame entre lui et le monde, la lecture, l'écriture en sont quelques-uns.

Il y a donc ainsi, en chacun, une activité incessante dont les multiples manifestations forment le chaos des voix qu'Hermann Broch évoque dans *La Mort de Virgile* : « Le chaos de toutes les voix isolées, le chaos de toutes les connaissances isolées, de toutes les choses isolées, qu'elles appartiennent au présent, au passé ou à l'avenir, ce chaos l'envahissait, il [Virgile] était livré à lui. »

Dans les *Élégies de Duino,* Rilke donne à entendre que ce chaos narratif est déjà présent et actif chez le nourrisson. L'enfant, dit Rilke, semble en être protégé, mais « à l'intérieur : dormant mais rêvant, mais dans les fièvres : qu'il s'engageait ! Lui, nouveau, craintif, qu'il était empêtré dans les sarments envahissants de l'événement intérieur, entrelacé déjà en motifs, en étouffante croissance, en formes se pourchassant bestialement ».

Gregory Bateson fait reculer le flux de pensées et de voix jusqu'à l'embryon. Dans *La Nature et la Pensée* où il cherche à nous expliquer comment sont reliées les créatures du monde vivant, il écrit : « Je voudrais montrer que, quel que soit le sens que l'on donne au mot histoire dans l'histoire que je vous raconte, le fait de penser par histoires ne différencie pas l'être humain de l'anémone, de l'étoile de mer, du cocotier ou de la primevère. Au contraire, à supposer que les éléments qui composent le monde soient reliés et que j'aie fondamentalement raison dans mes assertions, alors *la pensée par histoires* serait commune à tout esprit ou à tous les esprits, que ce soient les nôtres, ceux des forêts de séquoias ou ceux des anémones de mer. »

Ces quelques passages amènent à penser que nous sommes faits d'histoires qui naissent en même temps que nous, qui nous forment et que nous formons tour à tour, et que chaque être humain est équipé d'un appareil à histoires qui lui sert à se conter toutes les histoires dont il a besoin pour survivre.

« Peux-tu m'expliquer comment ça se fait que, en 2006, une enfant de deux ans et demi voit et entend des monstres dans sa chambre ? » me demandait récemment un nouveau père sidéré par l'incongruité de la présence de monstres dans sa maison. Il semble bien que l'apparition des monstres dans les chambres des enfants en dépit des carrousels d'anges et de coccinelles bienveillants coïncide avec la formation des premières phrases qui permettent à l'enfant de nommer ces « formes se pourchassant bestialement » et d'appeler à l'aide. « Et que fais-tu pour la calmer ? — Qu'est-ce que tu crois ? Je lui raconte une histoire sans savoir si elle comprend l'histoire que je lui raconte. Je ne peux que constater que n'importe quelle histoire la calme, et donc calme les monstres. »

Des histoires ordinaires

Au départ, je croyais qu'il suffisait de parler de mono-logue intérieur, ou de polyphonie intérieure, pour évo-quer cette machine à histoires, cet appareil à s'entendre que nous possédons tous. Mais il a vite fallu recourir à une autre image. Plusieurs « n'entendaient » rien, sem-blaient sourds à toute histoire en train de se créer en eux, de les créer, et à toute histoire qu'ils seraient en train de créer eux-mêmes. Je crois que nous ne nous entendions tout simplement pas sur le mot « histoire », ni sur le mot « création », et certainement pas sur le mot « fiction » qui serait le sujet inépuisable de tant d'échanges, de malen-tendus et d'illuminations. Je voulais parler de ces his-toires très ordinaires qui se mettent en route quand on a faim, qu'on ouvre le frigo et qu'on ne trouve rien à man-ger. Je parle de ce qui se passe dans la tête d'un enfant qui vient de découvrir une cachette où personne ne le trouve : va-t-il rester cacher jusqu'à ce que, enfin ! un jour, quelqu'un le trouve ? Doit-il ruser pour sortir de sa cachette de manière à pouvoir réutiliser sa cachette ? Ou, au contraire, donne-t-il sa cachette parce qu'il ne peut pas résister à faire connaître sa découverte ? Ou s'endort-il en rêvant à tout autre chose, et à quoi, à une tartine, à un immense biscuit fourré de pépites de chocolat ? Peut-être a-t-il un élastique ou un jeu électronique de secours qui lui fait oublier qu'il est en train de jouer à cache-cache ? « Dans sa cachette, écrit Patrick Cady dans *Quelques Arpents de lecture*, l'enfant veut être rejoint mais il ne veut pas être découvert. »

Un matin d'été, à l'aube, ma sœur aînée nous a tirés du lit en chuchotant de la suivre sans faire aucun bruit. Elle nous a entraînés dehors : « Regardez ! a-t-elle chuchoté. Regardez ce qu'on ne voit plus ! » Il suffisait de s'éloigner de cinq pas les uns des autres pour se perdre de vue tellement la brume qui était tombée sur la ville était épaisse. Ma sœur aînée a alors proposé que nous jouions à la cachette dans la brume. Quelques jours plus tard, alors que ce petit matin était loin derrière nous, mon frère aîné, assis sur le banc rouge, a conclu : « Donc, il n'y a que les aveugles qui peuvent vivre dans les nuages. »

J'insiste, je voulais signifier l'histoire ordinaire qu'on crée en attendant son tour chez le médecin et les changements qu'on opère à cette version lorsque dans les faits le médecin demande : « Qu'est-ce qui vous amène ? » et la frustration très ordinaire de découvrir que le médecin n'a pas le temps d'écouter l'histoire qu'on vient de commencer à raconter et qu'on doit de nouveau réaménager pour faire face au manque de temps ; qu'on crée lorsque le juge, à un moment donné de la comparution,

demande : « Racontez-moi donc cet accident de voiture
à votre manière » (« donnez-moi votre version ») ; qu'on
crée lorsqu'on se pose, à une minute précise qu'on ne
pourra plus jamais oublier, la question : « Est-ce qu'il
(elle), par hasard, me tromperait ? » (On aura remarqué
le « par hasard » qui vient de s'introduire dans la question sans me demander mon avis. Ce « par hasard » *sert
à quoi* ? Il sert à éloigner, à retarder, à refroidir, à dédra-
matiser, à neutraliser d'avance ce qui s'annonce comme
un gros drame, c'est une ruse narrative.) Les histoires
qu'on crée lorsqu'on n'a pas d'excuse mais qu'il faut d'urgence en inventer une si on veut quitter la réunion (de
famille, de brainstorming, de consultation, de formation,
etc.) ; qu'on crée lorsqu'on a vraiment raté sa recette de
lotte au micro-ondes (oubliez la lotte au micro-ondes
pour toujours) et qu'on lève le couvercle du plat de ser-
vice couvé par les regards affamés des invités ; que vous
créez lorsque vous apprenez qu'un de vos ex-amants
(amantes) répand la rumeur que, franchement, vous,
pour ce qui est du sexe, il faudra repasser.

Pourquoi choisir des situations qui comportent chacune un élément dramatique, au lieu de choisir des situations qui sont ordinaires ? Pourquoi ne pas choisir une
situation où il y a à manger dans le frigo, où le médecin a
tout son temps pour vous écouter ?

D'abord, il n'y a pas de situations ordinaires pour
l'appareil narratif. Ses critères diffèrent radicalement des
critères pratiqués dans le champ de notre conscience.
Avec ce que nous jugeons ordinaire et « sans histoire », il

nous fait bricoler des merveilles. Ensuite, c'est que les situations le moindrement dramatiques provoquent un appel d'adrénaline, et comme l'adrénaline a souvent pour effet de faire affluer des histoires à la surface du champ de la conscience, il nous est alors plus facile de les apercevoir. Et on remarquera aussi qu'il arrive, lorsqu'on doit s'exprimer en public par exemple, que l'adrénaline inhibe brusquement tout le chaos des bandes passantes, ne laissant dans le champ de la conscience que la percussion du cœur déchaîné.

Le multipiste intérieur

On s'entend, ce n'est certainement pas un cours d'anatomie sur l'appareil respiratoire qui nous apprend à respirer. Mais c'est ce cours-là qui nous apprend comment ça se passe, cette respiration qui se fait toute seule, qui se défend toute seule. C'est ce cours-là qui va nous apprendre comment l'appareil respiratoire est un système relié aux autres systèmes, le sanguin, le nerveux, le musculaire… Et si ce n'est pas un cours d'anatomie qui nous apprend à marcher, c'est lui qui peut nous expliquer comment et pourquoi des muscles immobiles s'engourdissent ou s'atrophient. La description de l'appareil oculaire et de l'apprentissage du décodage des lettres, des mots, des phrases, la description de l'oreille qui entre en résonance avec ce que l'œil lit, est une amorce intéressante pour découvrir avec quoi on lit ce qu'on lit, mais on ne peut pas comprendre à l'aide de ces descriptions pourquoi le même texte n'est pas lu de la même manière par moi que par mon voisin.

L'appareil narratif est aussi autonome que les autres systèmes et n'a aucun besoin d'être étudié pour fonctionner, pour surchauffer non plus, ni pour dysfonctionner. Cependant, comme tous les autres systèmes, même s'il se défend tout seul, il a besoin d'entretien (et d'entretiens, c'est le cas de le dire). Comme les autres systèmes, c'est souvent au moment où l'appareil narratif déraille qu'on découvre qu'on en a un. Aiguiser la conscience de l'activité narrative qui nous est propre, tenter de cerner ses modes de déroulement, d'imbrication, de compression, ses multiples fonctions de tri, de classement, de distinction, de prévention, de choix, de synthèse, peut tout au moins, dans un premier temps, nous étonner et nous convaincre de la nécessité d'en prendre soin et de chercher à découvrir comment il est possible d'en prendre soin. Dans un deuxième temps, on peut imaginer que cette conscience plus aiguisée de l'autonomie de sa créativité narrative ouvrira à chacun des accès nouveaux à la prodigalité anarchique des histoires qu'il crée, et à quelques moyens de franchir les obstacles qui barrent le passage à la reconnaissance de sa propre activité créatrice.

En réalité, il s'agit surtout de découvrir le lieu où nous sommes le monde, où nous le créons, où le monde se crée en nous et par nous, le lieu de nos vies. Par la suite, nous pourrons peut-être mieux repérer à partir de quel monde nous lisons le monde et ses livres.

Auriez-vous une photo ?

Ne devrions-nous pas avoir une photo de cet appareil-là, s'il existe ? Eh bien, j'ai une photo de ce qui ressemble à deux tampons de laine d'acier — un pour chaque hémisphère du cerveau —, et qui donne une bonne idée de l'enchevêtrement des filaments du multipiste intérieur. Mais cette photo ne nous montre qu'une chose, c'est qu'il nous manque une photo. Il nous manque la photo du réseau global qui nous montrerait comment ça communique avec les mondes interne et externe. C'est comme si on nous montrait une photo de la gare-aérogare Schiphol d'Amsterdam et qu'on nous disait : « Voici Amsterdam, voici les Pays-Bas. » Oui, mais encore ? D'où arrive l'eau qui coule dans les robinets ? De quelles éoliennes arrive l'électricité ? Et ces milliers de voyageurs, comment savoir d'où ils arrivent et où ils repartent ?

On a tous déjà vu ces consoles d'enregistrement à vingt-quatre, trente-deux, soixante-quatre pistes, ou même travaillé avec ce genre de programme sur l'écran de l'ordinateur. (Je n'évoque cette image qu'à défaut de la photo manquante, la photo où on verrait les ondes sonores, les ondes lumineuses, les ondes péristaltiques et les neutrinos traverser la laine d'acier.) Les pistes de l'appareil narratif, à la fois enregistreuses et émettrices, sont toujours en marche et il nous est impossible de suivre volontairement cette partition de bandes enregistreuses-enregistrées dans tout son parcours. Par exemple, imaginons qu'une musique nous traverse la tête. On sait bien que c'est la mémoire qui l'a enregistrée soit de force parce qu'on nous en a gavés, soit de notre plein gré parce qu'on a choisi de nous souvenir de cette musique. Mais ce qui est plus difficile à faire, c'est de la suivre partout où elle va. La voilà qui émerge, qui plonge, qui repasse, qui s'évanouit, qui reprend quelques mesures plus loin, comme si cette musique se poursuivait sans interruption dans un lieu où notre conscience n'a pas accès. Il arrive même qu'il se passe tout autre chose qui nous distrait de cette musique, d'autres pensées, une autre activité, un coup de téléphone. Mais lorsqu'on raccroche le téléphone, comme si la musique avait joué à notre insu, on entend la finale du morceau. Où, mais où donc cette musique a-t-elle eu lieu en moi ? Et est-ce bien en moi qu'elle a joué ?

Et prenons l'idée fixe comme autre exemple : sa domination sur toute autre pensée échappe à notre contrôle. Plus on essaie de s'en débarrasser, plus elle colle au champ de la conscience comme le sparadrap du capitaine Haddock. Plus on réussit à la chasser, plus elle rapplique : où continue-t-elle d'exister ? Sur le balcon ? dans un tiroir de la commode ? dans le congélateur ?

Quelque chose de similaire arrive lorsqu'on tente de poursuivre un rêve dans l'oubli où il s'enfonce, où il s'évanouit tout entier, où il paraît sombrer, ne laissant que des bribes d'images, de sons ou de sensations qui s'estompent à leur tour. Quel magnétisme happe donc ainsi un événement (ce rêve) qui, la seconde d'avant, paraissait aussi réel que la vie réelle ? Quelle force d'aimantation l'entraîne loin du champ de la conscience vers des zones inaccessibles à ma mémoire, à ma volonté ? Car je veux, je veux me souvenir de ce rêve. Je veux l'enregistrer. Je veux le raconter. Je veux le noter. Cet instant où le rêve échappe au récit tend notre attention jusqu'aux limites du champ de la conscience et nous suspend dans l'écoute d'un monde qui semble avoir lieu à la fois en nous et sans nous. Mais l'appareil narratif ouvre alors d'autres pistes qui voilent le vertige où nous pourrions nous perdre, et nous oublions que nous venons de rêver que nous étions réels.

Ce multipiste qui s'est mis en route dès notre conception, dès nos premières heures, et qui n'a plus cessé son activité depuis, a enregistré et traité chaque instant de l'apprentissage simultané du monde et de la langue. Chaque balbutiement, puis mot, et enfin phrase qui forme la langue que nous parlons un jour avec le sentiment qu'elle est innée est lié à nos tout premiers efforts pour apprendre à boire, à manger, à marcher, à courir, à déchiffrer et lire le monde. Les bandes passantes du système narratif n'ont pas cessé d'accueillir et de mémoriser, d'échanger leurs informations, d'essayer des connexions, de brancher des bouts de phrases sur des bouts d'expériences, de sensations, d'émotions, dans tous les sens, et toujours dans la recherche d'un sens qui marche, qui opère, qui fonctionne. Chaque nouvelle expérience exige une sorte de formatage d'urgence qui se fait par la création d'histoires successives. D'urgence, parce que nous naissons dans une situation de survie, avec un appareil neurologique qui mettra neuf mois à terminer sa gestation. Comme l'évoque Rilke, « l'événement intérieur » du nourrisson ne ressemble à rien de l'événement extérieur du monde où il baigne.

L'organisation perpétuelle de sa propre histoire constituée de tous ces petits faits et événements du monde sans cesse mémorisés, récapitulés, conjugués, revus et corrigés, ressassés et intégrés, que chacun crée et grâce à laquelle il entre dans le temps, servira de matrice à tout le travail narratif ultérieur. La narrativité est un mot empreint de nativité, et c'est bien à cette lente naissance conjointe de la langue et du monde qu'elle correspond. On ne peut survivre ni devenir membre de la communauté humaine sans cette histoire qu'on crée et se raconte simultanément, et au moyen de laquelle le monde devient peu à peu familier, compréhensible. C'est grâce à ce fabuleux appareil narratif que nous sommes en mesure de créer cette histoire inaugurale, ce récit ouvert, flux mouvant, qui permet d'entrer dans le temps, et qui servira un jour à la lecture de toutes les histoires des autres, et parfois à l'écriture de quelques histoires « orthographiées ».

Les tâches essentielles accomplies par l'appareil narratif

Enregistrement, engrenage, intégration, synthèse, mise à jour des informations ; création, reconnaissance et maintien de l'identité ; orientation dans l'espace et dans le temps, dans l'heure, l'horaire et l'agenda ; surveillance et discrimination aux frontières des territoires du moi ; mise en scène, prévision, répétition et justification des actes ; censure, validation, transmission, avertissements et rappels d'avertissements… On n'épuisera pas la liste des tâches essentielles accomplies simultanément par l'appareil narratif. Je voudrais seulement tenter ici d'isoler du flux narratif ce qui en émerge plus fréquemment pour nous signaler et nous assurer que le travail se fait, en gardant à l'esprit que ces tâches s'accomplissent non pas successivement mais *simultanément,* et jamais dans la linéarité à laquelle nous contraint la langue qui prétend en rendre compte.

Maintien de l'identité ou « Comment tu t'appelles ? »

Rien de plus difficile à perdre que son nom. Sa gravure semble avoir atteint le noyau de notre être. Nous ne nous souvenons pas d'un temps où notre nom ne nous disait rien, était à l'extérieur de nous, entrait en nous de l'extérieur, était répété amoureusement ou rageusement, était mis en doute, était moqué, cherchait son ancrage.

Dans un carré de sable du parc Joyce, deux enfants, un petit de trois ans et une grande de quatre, s'observent avec cette gravité méditative des chats. « Comment tu t'appelles, toi ? finit par demander la grande. — Je m'appelle Gustave, répond le petit. — Ça, c'est vraiment impossible, parce que Gustave, c'est mon grand-père, alors, ça ne peut pas être toi », explique la grande. La bouche du petit s'ouvre, aspire un petit coup d'air, puis ne résiste pas à sucer un peu son pouce. Après quoi, il remplit consciencieusement de sable la benne de son camion jaune.

Marie a cinq ans. Le soir de sa première journée d'école, à table, elle dit à ses parents : « Il y a le même enfant deux fois dans ma classe. — Tu veux dire qu'il y a des jumeaux identiques dans ta classe ? demande la mère. — C'est le même deux fois, dit Marie, et personne ne peut reconnaître le deuxième SAUF, SAUF... (un petit index très avisé se détache de la main occupée à tenir sa fourchette) sauf si on connaît son nom. — Et toi, tu connais le nom du deuxième, dit le père. — Je connais le nom du deuxième ET du premier : le premier s'appelle Yves, et le deuxième s'appelle Yvon. — Yves et Yvon, répète le père incrédule, Yves et Yvon, évidemment, le premier au singulier, le deuxième au pluriel, et le premier demandera bientôt pourquoi il doit mettre un « s » à son nom puisque c'est lui qui est singulier et l'autre qui est pluriel, consternant. — J'ai oublié, dit Marie qui ne saisit pas la raison de l'ironie de son père, le nom de leur famille, mais je suis sûre qu'ils ne s'appellent pas Consternant. »

Enfin, voici Colin, un vieux de huit ans, déjà solidement chevillé à son nom, qui arpente l'aire de jeux de l'aéroport en se donnant un air très revenu de tout qui intrigue Mathilde, la petite de six ans. « Comment tu t'appelles ? » demande-t-elle à Colin de sa voix la plus suave, comme si elle se pressentait une vocation de le tirer de son dégoût précoce. Colin jette un rapide coup d'œil aux alentours et se rapproche de Mathilde : « Écoute-moi bien. Je ne m'appelle pas. Sais-tu pourquoi ? Réfléchis bien. » Les doigts de Mathilde se coincent dans la boucle de son sac à dos : « Est-ce que c'est parce que tu as été puni ? » À l'air blasé de Colin s'ajoute une moue condescendante. Il tente tout de même son truc : « Je ne m'appelle pas parce que je suis toujours là. Tu piges ? » Marie sort lentement un livre de son sac à dos : « Je ne parle plus, je vais lire maintenant. » Colin ne lâche pas sa jeune proie : « Et toi, comment tu t'appelles ? » Mais Mathilde reste obstinément le nez dans son livre.

On me dira qu'il ne s'agit là que du travail de mémorisation du nom, qu'il n'y a pas à renommer un plat pour faire nouvelle cuisine : on nous inculque un nom et « ça finit là ». Je veux bien, mais ces dernières histoires, de petites histoires très ordinaires, nous racontent que nous avons oublié que « ça ne finit pas là » où on croit. Je veux bien, surtout en cette période de ma vie où j'assiste à la dégradation de la mémoire de mon père. Face à la démence sémantique dont il est atteint et contre laquelle il ruse avec une ténacité inouïe, je suis souvent choquée, bouleversée, et il ne se passe pas une journée sans que je remercie intérieurement ma prof de grec (trouver les liens…), Beckett et Ionesco, Duras et Bernhard et Clarice Lispector et J. D. Salinger, de m'avoir préparée à entendre et à comprendre les ultimes ruses de l'appareil narratif face à la perte de la mémoire pour rendre les derniers jours encore vivables, encore lisibles, encore intéressants *(Oh les beaux jours)*. Lorsqu'il se met en rage sans pouvoir expliquer ses raisons, mon père déclare, en dernier

ressort : « Je vais leur apprendre comment je m'appelle ! »
C'est l'ultime menace qu'il sait encore brandir, celle
d'avoir toujours un nom à lui, ce nom qui sera tantôt
gravé sur une pierre tombale. Et un jour, un tout jeune
enfant, une arrière-petite-fille peut-être, racontera à ses
amis sa découverte d'un jardin où chaque pierre portait
un nom bien à elle : « Je suis parente avec une pierre du
jardin. » Ses amis se moqueront d'elle, mais elle n'en pen-
sera pas moins.

C'est ce genre de petites histoires très ordinaires qui
enchantent *l'oreille dormante* en nous rappelant que
même notre nom, avec lequel nous faisons corps et âme
comme s'il n'était pas une fiction imposée, ou dont nous
changeons parce que nous ne parvenons pas à faire corps
et âme avec lui, que nous croyons réel, appartient au
temps de la conscience de l'individu, mais pas toujours à
ses rêves, ni à son amnésie ni à sa mort. Ces petites histoires n'ont pas été apprises ni mémorisées. Elles sont
inventées par les multiples croisements des bandes passantes, inventées non pas par gentillesse, mais parce qu'il
nous faut patenter des histoires vraies, des histoires arrivées, pour que notre vie nous séduise et se poursuive.

Mort ou vivant ?

Si on a déjà été victime d'une commotion cérébrale, ou
même d'un simple évanouissement, ou plus gravement
d'une amnésie temporaire, on a compris pour longtemps

que le retour du flux narratif est le signal du retour à la vie. En sortant de quelques heures de coma à la suite d'un accident de voiture, j'ai d'abord compris que j'étais morte. Puis, j'ai pensé que de croire qu'on est mort, c'est peut-être déjà un signe de vie. Le flux narratif repartait, avec des ratés, des gouffres, des déchirures, et m'entraînait de plus en plus vers la certitude que je n'étais pas passée de l'autre côté du monde. Car se demander où est le nord par rapport à la position qu'on occupe n'est pas une question que les morts doivent se poser. (J'ignore absolument le genre de questions que se posent les morts.)

On fait la même expérience au sortir du sommeil, mais sans trop nous en rendre compte parce qu'on en a pris l'habitude. Cette habitude n'enlève rien au fait que nous reconnaissons que nous sommes vivants au retour de ce bulletin d'informations interne qui nous tire des couvertures. On fait la même expérience lorsqu'on subit un choc violent d'un autre ordre, celui que peut nous causer un film, un livre, une musique. Certaines œuvres provoquent ce qui ressemble à un enlèvement, à un rapt de l'identité narrative. On en sort désorienté. On dit : « Je ne sais plus comment je m'appelle. » On se tâte pour trouver ses clefs, ses papiers. On secoue la tête. Parfois on résiste à « rentrer » dans la routine identitaire dont une œuvre vient de nous affranchir. On ne veut pas parler aux autres. On ne veut pas qu'on nous demande ce qu'on en a pensé. On veut faire durer cette vacance d'identité où le travail de la machine narrative semble s'être enfin arrêté pour se laisser fasciner et séduire. Pour se laisser malmener. Ou pour se laisser reconnaître.

Et lorsqu'on dit qu'une œuvre ou un événement nous a donné le sentiment qu'on allait y perdre l'esprit, qu'on n'avait plus toute notre tête, qu'il a fallu nous en arracher, on dit bien qu'on s'est éloigné de l'organisation narrative qui nous permet de devenir « membre du monde » et de rester dans le temps de la société humaine, et le disant, on dit aussi qu'on a réintégré cette organisation mouvante qui n'aime vraiment que les changements qui garantissent son maintien.

« S'il vous plaît, quelle heure est-il donc ? me demande une vieille petite dame pensionnaire à la résidence pour personnes âgées. — Il est deux heures. » Elle réfléchit : « Deux heures… oui, mais deux heures du jour ou deux heures de la nuit ? » Je cherche ce qui peut bien lui faire douter que nous sommes le jour. Le soleil entre à flots par les grandes fenêtres de la salle commune où nous n'attendons rien. Je suis le regard de la femme et je découvre qu'elle fixe les plafonniers fluorescents. Ils sont allumés ! Je lui fais part de ma découverte : « Ah, c'est difficile, n'est-ce pas, il y a le soleil qui entre par les fenêtres et les lumières du plafond qui sont allumées ! — Justement, me répond-elle avec gravité, les lumières sont allumées. — Mais dites-moi, est-ce que vous voyez quelqu'un en robe de chambre, en robe de nuit ou en pyjama ? — Personne en pyjama, non. Mais alors, c'est qu'il va y avoir un réveillon ? »

Nous avons tous *appris* à départager le jour et la nuit, et c'est à une de nos pistes narratives vigiles qu'on a confié le soin de conserver cet *acquis* dont nous parlons comme d'un savoir *inné*. L'enfant qui refuse de dormir ailleurs que dans sa chambre *parce que* les lapins de ses rêves le croiront disparu s'ils ne l'y trouvent pas et se perdront pour toujours à le chercher ailleurs, qui n'accepte de dormir dans un autre lieu de la maison qu'à la condition que l'on flèche la direction à partir de la porte de sa chambre, est au seuil de cette étonnante déception que le vieillard, à l'autre bout du temps, ne peut plus intégrer : les lapins des rêves n'existent pas. Et s'il n'y a personne autour de cet enfant qui ait du temps à accorder à cette histoire, l'appareil narratif s'emparera de la déception et la gardera gravée sur une piste à jamais impossible à retrouver, à moins qu'une lecture de la *Recherche* ne la fasse un jour remonter miraculeusement à la conscience.

Révolte et digression

Quitte à retarder l'exploration des tâches accomplies par l'appareil narratif, il fallait que je rappelle, à ce moment-ci de l'aventure, parce que je constatais que personne, étudiant ou lecteur, n'utilisait la marge de son cahier pour y consigner ne serait-ce qu'un astérisque, qu'un gribouillis de secours signalant qu'un objet volant identifié venait de lui traverser l'esprit, que nous étions là pour aiguiser notre perception de ce qui se raconte en nous, de ce qui se répond en nous, de ce qui se tait, de ce qui se trame et se tisse en nous. Le fait qu'on ne peut *rendre manifeste* notre activité narrative que par le langage est évidemment une épreuve : est-ce qu'on attrape vraiment des mots avec des mots ? Pourquoi pas ? On prend bien certains poissons avec d'autres certains poissons. J'ai suggéré qu'on recule légèrement, oh d'un millimètre peut-être, derrière le centre de son *quant-à-soi*, pour s'y tailler une petite place de témoin où se glisser, et peut-être s'y creuser un espace pour une *oreille dormante* un peu mieux réveillée ! De cette place, de cet écart minime, on allait peut-être avoir raison des semelles de plomb toujours portées par le *quant-à-soi*, ce drôle de petit personnage rigide, imperturbable, qui devient si hilarant quand on parvient à l'isoler sur la scène de notre théâtre intérieur. Drôle de théâtre d'ailleurs où nous ignorons le plus souvent quelle pièce on joue, dont nous sommes souvent séparés par l'épaisseur du rideau qui nous masque la scène. Nous vivons comme si nous étions condamnés à rester en coulisse des pièces dont nous sommes pourtant les auteurs, les acteurs, les spectateurs, les machinistes et les critiques. Dans ce théâtre, les rôles s'entremêlent, se contaminent et prolifèrent, chacun jetant vers l'autre sa pleine poignée d'électrons libres qui zigzaguent sans égard pour ce que le *quant-à-soi* tient pour la vraisemblance, la chronologie, la raison, l'objectivité, la réalité.

C'est en tout cas grâce à ce léger retrait du centre où nous croyons ce que nous croyons, c'est grâce à un point d'écoute acquis par l'exercice, la patience et la répétition, qu'on parviendra à capter quelques-unes des scènes qui se jouent dans ce théâtre où l'on est chacun bien plus qu'individuel, où l'on est clan, groupe, ville, peuple, foule, humanité. On pourra entendre nos pistes intérieures dérailler, délirer, se détraquer, tomber en panne. Ce n'est pas dans mon propos de faire la nosographie des maladies du système narratif, je n'ai aucune compétence pour le faire. Je désire m'en tenir à ce qui se produit *normalement* lorsque nous sommes secoués par un petit ou un grand événement inhabituel. Les événements du 11 septembre 2001 nous ont fourni l'occasion d'observer en direct des suspensions, puis des arrêts, des stases du flux narratif des journalistes les plus chevronnés, les plus exercés à ne jamais perdre le fil des événements les plus complexes. On les a vus, sur notre écran, la bouche vide, le regard vide, l'esprit vide pendant de longues minutes, et on a ensuite assisté à la reprise, puis à la puissante capacité des pistes narratives les mieux éduqués du sujet social de maintenir l'ordre et de contenir la panique des millions de personnes qui étaient suspendues à leurs lèvres, et ces millions de personnes ont emprunté à leur tour ce plan narratif et ce fleuve narratif navigable, comme si le choc avait déréglé tous les appareils privés et que ces appareils privés attendaient et espéraient des mots d'ordre pour se remettre en route. Ce n'est que lorsque la fumée a été retombée qu'il a été possible de mettre en doute certaines des explications (ou toutes) qui avaient servi à ne pas céder à la panique et à trouver un escalier de secours praticable.

Il se passe la même chose en nous, qui sommes un monde, lorsque nous sommes *atterrés.* Si nous avons cultivé une *oreille dormante,* nous pouvons mieux affronter les catastrophes quotidiennes et en jouir, et à nouveau, nos manières, nos façons de jouir sont radicalement différentes les unes des autres parce que l'histoire qui nous fonde, la première histoire que nous ne cessons pas de refaire et de peaufiner, est radicalement différente de toutes les autres histoires de tous les autres êtres humains. Avec bien sûr le lot de ressemblances nécessaires à la vie en commun.

J'avais dérivé vers les tours jumelles, mais c'était le quant-à-soi qui était visé et comme il s'agissait de réussir, à ma suggestion (à ma demande, et était-ce un ordre ?), ce petit retrait derrière le gros *quant-à-soi,* au moins une personne, dans la classe ou dans le livre, a vraiment eu envie de ne pas y arriver. De ne pas même essayer d'y arriver. N'a pas eu envie qu'on lui dise quoi faire ou quoi penser, ni comment penser. Elle a donc protesté. Elle s'est révoltée. « Où est-ce que ça nous mène, tout ça, à quoi ça sert et à quoi bon ? » Qui était donc cette personne ? Je me le demandais moi-même tout en sachant très bien qui elle était, puisque j'en ai une du même genre, dans mon théâtre intérieur, une personne qui se consacre exclusivement à ce rôle de résister à toute proposition d'apprentissage qu'elle n'aurait pas inventée elle-même, dût-elle réinventer toutes les démonstrations de la géométrie plane comme le faisait systématiquement une de mes compagnes de classe.

Les étudiants de FRA 3580 ont tenté une explication. Un jour, ont-ils raconté, cette personne en a eu assez d'être manipulée et d'obéir machinalement à la manipulation.

En a eu assez de vivre dans une maternelle pour adultes où on n'allait jamais cesser de la traiter comme une attardée mentale ou comme une recrue qui allait avancer au rythme des comptines militaires. Si on lui volait son rythme propre, si on lui confisquait le temps dont elle avait besoin pour réussir la synthèse des données, sa vie n'était plus possible. Et les étudiants ont profité de ce moment de révolte pour me reprocher ma façon de prononcer « *quant-à-soi* » comme si je désirais marquer mon mépris pour ce personnage et en faire un rôle de comédie burlesque alors qu'il s'agissait, à leurs yeux, d'un rôle tragique, en tout cas, à l'heure actuelle où les gens qui choisissent de garder leurs distances sont mal vus.

Très bien, je comprenais très bien que je me trouvais dans une impasse. Nous avons chacun nos méthodes pour refuser de nous laisser égarer. Nous préférons nous égarer par nos propres soins. Et nous avons horreur que quelqu'un nous « comprenne » au moment où nous sommes en pleine opération de résistance ou de refus. Il était inutile de dire que je comprenais cette personne qui désirait attacher ses lacets de chaussures toute seule, et qui savait tenir sa cuiller toute seule. J'ai cherché une issue. J'ai demandé aux étudiants de me donner des détails de la manifestation du refus de cette personne allergique aux suggestions. Par exemple, comment regardait-elle la télévision ? La télévision, si on s'entend, mais peut-être ne s'entend-on pas du tout, est le canal par excellence de la transmission des ordres vers les cellules de la société, n'est-ce pas ? Et alors ? Celle qui a horreur des ordres, comment se comporte-t-elle face à l'écran de télévision ? Est-ce qu'elle enlève et remet ses souliers sans arrêt ? Est-ce qu'elle commande une pizza qui fera office de bouchon pour que les ordres ne passent pas ? Est-ce qu'elle place son téléviseur de manière à ne jamais faire face à l'écran, ou, au contraire, est-ce qu'elle choisit de faire face dans un affrontement têtu ? Est-ce qu'elle ne regarde la télévision qu'en faisant autre chose en même temps : examen des ongles, tricot, gymnastique ? Peut-être qu'elle ne cesse d'apostropher les animateurs, de commenter leur tenue, de les envoyer promener ? Est-ce qu'elle répète leurs phrases en imitant leur accent ? Peut-être lui suffit-il de croiser les bras et de les garder bien serrés sur sa poitrine ? Ou de serrer les dents ? Peut-être ne peut-elle regarder une émission sans téléphoner à un ami pour lui demander s'il est en train de rater les ordres qui sont en train d'être transmis à l'occasion d'un spectacle-bénéfice, d'un talk-show, d'un reportage scientifique ?

Le « j'ai horreur qu'on me donne des ordres » déborde en manifestations qui sont le thème de très bonnes histoires. La personne qui ne s'est pas raconté à elle-même l'histoire qui l'incite à rejeter toute proposition venant de l'extérieur risque de ne jamais pouvoir sortir de cette histoire. Risque de paniquer dès qu'elle ne saisit pas un jeu de mots. Les jeux de mots sont toujours une torture pour le *quant-à-soi* parce que, immanquablement, ils lui coupent sa tirade, ils lui gâchent son effet. Les jeux de mots menacent toujours l'équilibre que nous avons donné aux histoires en nous qui ont du mal à tenir debout.

Et comme je réfléchissais à ma manière de prononcer « *quant-à-soi* », il m'est revenu une anecdote survenue la veille. J'allais entrer dans une boutique de vêtements et j'ai été stoppée dans mon élan par une altercation polie mais sonore tout de même, entre une cliente et la propriétaire de la boutique. C'était au sujet de la mode, est-ce que ces vêtements en solde étaient à la mode de la saison dernière ou étaient-ils à la mode de cette saison ? La propriétaire hausse le ton et déclare : « Puisque je vous dis qu'ils sont à la mode de la saison ! Je suis française, moi, madame, je sais donc parfaitement bien ce que je dis. » La cliente bat en retraite, et moi aussi. Nous nous retrouvons sur le trottoir. La cliente me confie : « Je suis québécoise, moi, madame, je sais donc parfaitement bien ce que je pense. »

C'est quand même bien utile d'avoir son *quant-à-soi*. J'ai fait amende honorable auprès des étudiants. Il n'en reste pas moins que ce petit personnage à semelles de plomb, s'il n'encaisse pas si mal les chocs, s'il accourt pour expliquer que tout est normal et qu'on s'occupe de tout, rend horriblement difficile à certains moments l'activité de la machine narrative. Il a le ventre toujours repu de la même herbe qu'il ne cesse de ruminer. Je l'imagine en train de s'approcher de Newton à la veille de découvrir les lois de la gravité. Le Quant-à-soi contemple Newton qui contemple la chute des pommes. « Eh bien, monsieur Newton ? — Elles tombent au sol, lui fait remarquer Newton. — Eh oui, mon ami, les pommes tombent toutes au sol, dit le Quant-à-soi en rajustant ses

épaulettes intérieures. — Mais elles tombent vraiment
par terre, dit rêveusement Newton. — Rien de nouveau
sous le soleil, monsieur Newton ! » conclut le Quant-
à-soi en s'éloignant sur ses semelles de plomb et en réca-
pitulant *in petto* sa version du monde. Il rigole doucement. Ce n'est pas demain que monsieur Newton va faire
s'envoler les pommes vers la lune.

Une autre tâche essentielle :
la sauvegarde de la version fondatrice

À l'étape de socialisation de la préadolescence et de l'adolescence, les chocs et les heurts se multiplient entre les
fables des autres, de tous les autres, et les histoires encore
chancelantes qui nous ont aidés à engranger et à mémoriser notre odyssée chez les géants et à établir le répertoire
de toutes les ruses extraordinaires qui nous ont permis
de différencier ce qui marchait, ce qui fonctionnait de ce
qui ratait, qui nous ont équipés d'une compétence
unique et irremplaçable. La nécessité de créer des
alliances pour former des équipes gagnantes, pour ne pas
être taxés, pour ne pas nous retrouver seuls dans un guet-
apens face aux gros bras, pour faire nos recherches sur les
arbres, sur l'eau, sur la culture des radis, le besoin de faire
partie d'un groupe, d'être membres, d'en être, d'y être,
exigent du multipiste narratif qu'il mette en veilleuse des
pans entiers de notre vision du monde, vision qui pourrait se résumer à « moi je sais que je sais comment m'en
sortir ». C'est la vision d'Ulysse. Ulysse sait comment

se sortir de tous les pièges, mais il sait avant tout ruser avec le temps. Il sait mettre son habileté en veilleuse et attendre le bon moment.

Les pistes réceptrices-émettrices possèdent plus d'un mode de mise en veilleuse. Les récits des autres deviennent des fables et, ainsi transformés en fables, leur force d'attraction est suffisamment neutralisée pour que notre histoire ne s'en trouve pas discréditée. Certaines fables sont cependant plus captatrices que d'autres. Ce sont les fables aux dents longues comme celles du loup du conte. Elles vous avalent tout rond comme elles avalent Bérénice Einberg dans *L'Avalée des avalés* de Réjean Ducharme. Ce sont des fables cobra, des fables python qui vous happent dans l'enfer de leur estomac où des acides puissants vous malaxent et vous transforment en la substance même de votre prédateur. Jonas fuyait sa mission lorsqu'il a été avalé par une Moby Dick. D'après le récit biblique, il semble bien que ce soit de s'être souvenu de sa mission qui l'a rendu indigeste pour la baleine, si bien qu'elle l'a vomi. Ulysse recourt à un autre des stratagèmes du multipiste créateur. Dans l'imminence d'être dévoré par les Cyclopes, il renonce à son *nom fameux* et utilise le *non-nom* qui va lui sauver la vie : « Personne, mon nom est Personne. »

Il me semble que, le plus souvent, on ne repère ni les Cyclopes, ni les baleines, ni les serpents captateurs. On cède plutôt à l'illusion qui est une des manœuvres les plus fascinantes dont est capable le multipiste. Cette illusion que nous appelons l'oubli est fondamentale. Elle est commandée par la nécessité d'emprunter les passages qui mènent d'un âge à l'autre. Elle nous persuade que notre *petite histoire* est désormais obsolète, « sans rapport », qu'elle est définitivement inactive, neutralisée, débranchée : « le passé est derrière ». Le début du monde change de chronologie. L'histoire du monde commence désormais avec celle du groupe auquel on désire adhérer, auquel on adhère, auquel on désire apporter une réponse.

L'enfant qui a vécu l'odyssée de l'enfance sans qu'aucune des réponses qu'il tentait d'apporter au monde n'ait été reconnue comme réponse, où aucune réponse de sa part n'était jamais attendue ou acceptée par son entourage, où toute réponse apportée par lui était balayée avec les miettes de la table, est sûrement moins en mesure de découvrir quelle part il peut apporter au groupe que l'autre enfant à qui on a raconté les histoires qui repoussent les monstres, que l'autre dont on a écouté les histoires qui terrassent les monstres, que l'autre dont la narrativité intérieure, lorsqu'elle se risquait au-dehors, *chez les géants, les gros bras, les grosses bouches qui veulent vous croquer,* trouvait déjà une oreille dormante prête à la reconnaître. L'enfant que rien ni personne n'a adopté au départ a beau désirer appartenir au groupe, il a beau faire tout ce qu'il peut imaginer de mieux pour lui appartenir, l'enfant de la privation est souvent mis à l'écart parce qu'il est déjà exilé, enfermé dans un récit sans issue vers les autres. La machine narrative de cet enfant a manqué des matériaux nécessaires à la fabrication d'une explication de cette impossibilité de trouver une réponse autre que nulle, a manqué de matériaux pour bricoler un interlocuteur intérieur qui lui permette d'identifier l'interlocuteur extérieur, l'autre, les autres.

On peut vivre, pendant cette période qu'on dit la plus grégaire de notre vie, un sentiment de solitude assez vertigineux pour s'y perdre. C'est qu'il y a des frais à payer pour que notre multipiste consente à faire disparaître du champ de la conscience toute manifestation de notre vision, de notre compétence, de notre expérience, de notre récit, de notre histoire pour faire place à celle du groupe et obéir à sa pression. Dans *Un certain Plume*, Henri Michaux décrit les mouvements de l'être intérieur qui aurait laissé l'extérieur le pressuriser trop longtemps et qui ne connaîtrait plus que l'issue de l'implosion pour avoir accès à son propre territoire intérieur. On voit l'être intérieur devenir une véritable poudrière tellement sa colère est grande, mais aussitôt découvrir que sa poudrière n'est que du sable. L'être intérieur « se lance à une vitesse de flèche, il rentre ensuite comme une taupe, il a d'infinies hibernations de marmotte », mais quand la peur l'envahit, il s'aplatit comme un vieux sac. Michaux évoque le mouvement d'annexion par incorporation d'un autre territoire. Il nous donne à ressentir la résistance massive qui contraint l'être intérieur à la paralysie lorsqu'il est submergé par une force qui ressemble à celle de nos pires cauchemars où nos muscles ne répondent plus aux appels répétés de l'appareil narratif. Ce dernier pourtant, si faible et épuisé soit-il, continue de maintenir à notre insu ce qui nous fonde comme sujet de notre vie, n'en poursuit pas moins sa tâche aussi longtemps que ça lui est possible d'échapper à la complète paralysie.

La halte du thé

Comme j'orthographiais le mot « paralysie », j'ai compris qu'elle me gagnait et je suis allée reprendre la gamme de *la* bémol que mes doigts refusent de mémoriser. Mes mémoires auditive et visuelle la connaissent par cœur. C'est ma mémoire tactile qui bafouille. Heureusement, j'ai un piano muet. Personne ne peut l'entendre lorsqu'on branche les écouteurs. Je suis seule à entendre mes bafouilles. Je suis comme l'enfant qui se cache sous l'oreiller pour répéter « ces ciseaux-ci ne sont pas ces ciseaux-là ». Peine perdue pour la gamme, je ne pensais qu'à la différence entre les mots « fable », « récit », « parabole », « roman ». Je suis allée me faire un thé. J'entendais la gamme finir sa descente, amorcer une remontée, et c'est la voix un peu irritée de ma sœur aînée la Mouette qui a pris le dessus sur la gamme : « Il me semble que tu es en train de perdre de vue ton multipiste. Quand tu commences à parler d'enfants moins aguerris que d'autres, j'ai le sentiment que tu fais planer une menace. Tu as promis un livre sans violence. »

J'ai regardé s'il y avait une mésange à la mangeoire. Est-ce que je n'avais pas une ou deux courses à faire ? Est-ce que je ne devais pas monter au Château ? Lorsqu'elle

parle dans ma tête, la Mouette a toujours un ton légèrement suppliant. On dirait une prière. On dirait une sup-
plique. Ça me serre un peu la gorge. Elle avait peut-être
raison. Je m'étais sans doute un peu éloignée du monologue intérieur et des tâches accomplies par les pistes narratives. Maintenant, la Mouette me demandait, toujours
dans ma tête comme j'ai dit, pourquoi j'avais parlé de cet
enfant qui n'avait jamais trouvé la bonne réponse à offrir
à ses parents. Il ne me semblait pas avoir parlé d'un
enfant précis, ni de « cet » enfant, ni de « ses » parents.
L'eau bouillait déjà. Il faut attendre quelques secondes
après l'ébullition avant de faire l'infusion, il ne faut pas
ébouillanter les feuilles de théier pour ne pas détruire
la saveur et les vertus du thé, c'est la Mouette qui me l'a
appris. Certains enfants, me disais-je, ont fait tout ce
qu'ils ont pu pour leurs parents, et rien de ce tout qu'ils
ont fait n'a été utile à leurs parents. Et ils doivent continuer à vivre comme s'ils n'avaient rien fait pour leurs
parents, puisque tout ce qu'ils ont fait pour leurs parents
n'a jamais été perçu, vu, accueilli comme utile. Ils conti-
nuent à vivre, mais cet échec initial leur fait apparaître
l'univers tout entier comme irréparable.

Je fais très attention à ne pas mettre de majuscules à
mes pensées. Il est difficile de ne pas hausser le ton lorsqu'on met les mots en majuscules dans ses pensées. J'ai
réchauffé la théière, j'y ai mis un peu de thé vert et
j'ai versé l'eau très lentement, presque goutte à goutte. J'ai
regardé la petite aiguille de l'horloge de cuivre franchir la
soixantième seconde et j'ai versé le thé dans mon bol

bleu. Un bleu entre la chicorée, le lin et la pervenche. J'avais eu le temps de me souvenir qu'on avait remarqué, avec ma mère, qu'on comptait toujours un tas de choses sur une piste intérieure à peine audible : le nombre de marches des escaliers, le nombre de coups d'éplucheur à légumes, des nombres, des pas, des gestes, ils sont comptés quelque part. La Mouette continuait de faire le siège dans ma tête : « Tu écris ton livre sans t'occuper de la terreur que je ressens que tu ne trames une explosion qui va me défigurer. Est-ce que ton fameux appareil narratif peut s'empêcher de se faire plaisir, égoïstement plaisir, sans aucun souci de la terreur des autres ? »

J'ai attendu un bon moment. J'ai bu un peu de thé. Les mésanges sont venues manger à la mangeoire. Puis j'ai cessé d'attendre. Ça s'est produit tout seul, j'ai ouvert ma main et l'histoire a commencé : « Je voudrais te raconter une histoire, est-ce que je peux, une histoire qui n'est pas piégée et qui finit bien ? Allons-y. Une des étudiantes de FRA 3580 était une femme d'un certain âge. Enfin, d'un âge certain : à peu près mon âge. Vers la quatrième semaine du cours, nous devions nous rencontrer, elle et moi, pour parler du texte de création qu'elle désirait écrire à l'occasion de ce cours. J'étais curieuse de connaître la raison qui l'avait amenée à s'inscrire en Lettres. Après un moment d'hésitation, elle m'a expliqué qu'elle sentait, depuis quelque temps, sa mémoire lui faire défaut, qu'elle avait essayé de ne pas paniquer, de ne pas penser à la maladie d'Alzheimer. Elle avait essayé de trouver quelque chose qui pouvait être stimulant pour la mémoire. Et elle avait pensé que la littérature était ce qu'il y avait de mieux pour exercer la mémoire. Elle l'a dit très simplement, comme si ça allait de soi que la littérature est utile à l'entretien de la mémoire, puisqu'il faut bien se souvenir, n'est-ce pas, des pages qu'on vient de lire pour pouvoir poursuivre sa lecture. Puis, elle m'a dit que le travail que j'avais demandé sur l'écoute du monologue intérieur lui était très pénible, presque impossible en fait, parce qu'il ne lui venait absolument rien, pas un éclat, pas une miette, rien ne lui venait jamais à l'esprit, ni dans la marge de son esprit, et qu'elle n'avait aucune idée de ce que signifiait cette affaire d'oreille dormante. "Mais alors, lui ai-je demandé, lorsque vous faites vos courses, par exemple, vous vous récitez bien la liste des achats que vous avez à faire, non ? — Pas du tout, tout est noté, je suis à la lettre la liste que j'ai écrite, je n'ai pas à y penser. — Et si vous apercevez des courgettes jaunes alors que vous n'avez toujours vu que des vertes ? — Je ne vois que les vertes. — Mais lorsque vous vous réveillez le matin, il y a bien un bulletin d'information qui provient d'un poste intérieur, non ? — Pas du tout, je me lève immédiatement, j'ai mes tâches qui attendent, je me mets à la tâche." Elle riait. Moi aussi. Nous étions gentilles l'une et l'autre et l'une pour l'autre. Puis, elle a dit qu'elle n'avait aucune idée non plus d'une histoire qu'elle pourrait écrire, ni d'un poème, ni d'un essai, aucune idée d'aucune "composition", rien. Je lui ai alors demandé s'il y avait une histoire — un événement — qui lui était arrivée qu'elle n'avait jamais racontée à personne. Une petite histoire, comme ça, qui lui serait arrivée, une joie, un plaisir, un malheur, peu importe, quelque chose qui lui serait arrivé qu'elle n'aurait jamais raconté. "Ce n'est pas, lui ai-je dit, pour que vous me racontiez cette histoire, si jamais elle existe, que je vous pose la question… — Non, non, je sais, a-t-elle dit, oui, en effet, il y a une chose que je n'ai jamais racontée à qui que ce soit, jamais. — Alors, lui ai-je dit, est-ce qu'on pourrait faire l'hypothèse que cette chose jamais racontée occupe votre mémoire, en ce sens que votre mémoire est une sorte de territoire occupé par cette chose-là qu'elle est obligée de conserver jalousement, même à l'abri des murs qui ont des oreilles ? Et si cette hypothèse est juste, qui sait si on ne découvrira pas que votre mémoire paraît vous faire défaut tout simplement parce qu'elle est entièrement mobilisée en vue de ne pas la raconter pour mieux la conserver ? Vous pourriez peut-être essayer d'écrire une histoire qui s'intitulerait : 'Comment je n'ai jamais raconté une histoire.'"

« *Comment je n'ai jamais raconté une histoire*, a répété dans ma tête la Mouette en imitant mon intonation, tu es vraiment un peu fêlée, toi. — Mais attends, attends ! Ce qui est arrivé par la suite, c'est que cette femme a cherché à écrire ce texte sur comment elle était parvenue à ne jamais raconter cette histoire, et c'est en cherchant ce comment qu'elle l'a oublié ! — L'histoire ? — Mais non, le comment ! Et elle s'est mise à écrire l'histoire elle-même. Et elle s'est mise à trouver de la place pour entendre ce que les histoires des autres lui donnaient à entendre. C'était cette seule histoire jamais racontée qui lui bouchait l'oreille dormante. C'était de garder cette histoire pour elle seule qui tenait sa mémoire occupée. Et le plus étonnant, c'est que cette histoire n'avait rien à voir avec le genre de violence que tu redoutes. Il s'agissait d'un gros chagrin causé par le refus de sa mère de la laisser vivre sa vie, un chagrin nourri et entretenu par le multipiste pendant des années. Ce refus était tout ce que la mère avait donné à sa fille. Sa fille l'avait donc étendu à tout l'espace intérieur, et ainsi elle restait en contact permanent avec sa mère en dépit de la rupture. Mais est-ce que tu te rends compte que ce gros chagrin avait occupé tout l'espace de manifestation de la machine narrative pendant plus de trente ans ?

« C'est une belle histoire, a dit la Mouette dans ma tête, et je voudrais que tu restes dans ton sujet sans t'occuper des enfants à qui on prescrit du Ritalin. — Alors là, c'est toi qui me provoques. Non, je ne parlerai pas de ces enfants dont l'appareil narratif est bousillé par le Ritalin. Ce serait inutile. »

Mon histoire semblait avoir calmé la Mouette : « Il reste une petite chose, c'est l'affaire des cobras, des pythons, des loups et des baleines. Il me semble que tu as omis de parler des immenses estomacs de pierres — églises, temples, cathédrales, basiliques, mosquées, synagogues… — où s'engouffrent des milliers d'histoires dans une seule histoire. Tu me suis ? Les religions ? Est-ce que ce ne sont pas des histoires qui avalent des milliers de petites histoires pour qu'il n'en reste qu'une seule ? »

Je voudrais répondre à la Mouette sans mettre aucun mot en majuscules. Aborder le sujet des religions en ce moment me paraît peine perdue. Que chacun l'aborde pour lui-même ou avec qui il voudra. C'est le thème qui fait aujourd'hui monter les récits les plus désolants qui soient dans la bouche de personnes par ailleurs très instruites et cultivées, qui ont peut-être publié des essais éclairés sur l'altérité, qui ont été des phares pour leur entourage ou pour leurs concitoyens. Les propos déclenchés par le thème des religions fournissent la preuve la plus évidente que nous ne pouvons pas encore intégrer qu'être est une activité de fiction, que nous ne pouvons pas non plus intégrer que notre espèce a une préhistoire qui se poursuit toujours à travers chacun de ses membres, aussi bien que la préhistoire de chaque individu se poursuit à travers son appareil narratif. Nous avons tous, peuple ou individu, à engager un jour ou l'autre le combat contre la force qui nous anéantirait si nous ne combattions pas. Cette lutte contre la pure force informe, Henry Bauchau la décrit de façon fulgurante dans *Œdipe sur la route*. Sur nos pistes intérieures, cette force anéantissante se présente masquée avec des mots. Avec des bouts de phrases. Mais c'est une force qui n'a jamais appris à parler. Seulement à singer qu'elle le pouvait. Parfois, sa singerie parvient à s'inscrire dans notre histoire comme s'il s'agissait d'une parole. Et c'est cette parodie de parole même qui contamine toute l'histoire et nous met à mort, aussi bien comme individu que comme peuple.

« Chacun de nous, ai-je dit doucement à la Mouette

de ma tête et de mon cœur, peut, s'il le désire, trouver en lui la fréquence à syntoniser pour apprendre ce qu'il a gagné ou perdu en s'agenouillant et en se soumettant dans l'un de ces estomacs de picrres. Pour ma part, je préfère me souvenir que Bach et Mozart, Gabrielle Roy ou Réjean Ducharme n'y ont perdu ni leur âme, ni leur route, ni leur œuvre. »

La Mouette a souri dans ma tête et dans mon cœur : « Tu m'avais dit que tu me répondrais. Tu viens de garder pour toi une partie de la réponse, mais au moins, tu réponds. Je t'en prie, continue, continue de me répondre même si tu ne me dois plus rien. »

De retour aux tâches essentielles : oublier en s'en souvenant

Nous étions donc en fin de croissance, dans l'épanouissement de nos forces vives. Nous avions quinze, seize, dix-sept ans et la préhistoire était loin derrière. Et pourtant, pareille à la musique qui joue dans une région inatteignable de nous-mêmes où la conscience n'a pas accès, notre façon unique de comprendre et de nous remémorer « comment ça marche » continuait de nous permettre d'entretenir notre version selon le plan que nous avions déduit de nos multiples expériences. Aujourd'hui, cette version, on la dirait parfois enfermée dans une boîte noire d'un avion naufragé au plus creux des noirceurs océaniques. Mais sans elle, comment pourrions-nous reconnaître chaque jour que nous sommes l'individu que nous sommes à l'exclusion de tous les autres ? Comment pourrions-nous reconnaître les autres comme n'étant pas nous-mêmes ? Comment pourrions-nous désirer être comme tout le monde, ou faire comme tout le monde, ou ressembler à quelqu'un d'autre ? Comment pourrions-nous éprouver ce sentiment que les autres sont toujours plus naturels que nous, qu'ils n'ont pas à travailler pour être eux-mêmes, comme s'il était toujours plus facile pour l'autre d'être lui-même que pour soi ? Et encore, comment pourrions-nous éprouver de tels chocs d'adhésion lorsque nous nous reconnaissons à travers une œuvre comme si c'était nous qui l'avions créée ? Ou, au contraire, éprouver de violentes répulsions qui nous en interdisent l'accès, comme si cette œuvre provenait d'un monde qui nous perdrait si nous nous y aventurions ? C'est que notre appareil narratif réussit chaque jour ce tour de force d'oublier en se souvenant de qui nous sommes qui ne s'entend plus que par fragments, par bribes, à travers la nécessité de nous entendre avec les autres, les autres du dehors et du dedans. L'oreille dormante ou la double écoute, comme on voudra, n'est pas conçue pour attraper des histoires toutes faites, mais bien des éclairs, des filaments, des segments, *ces poissons d'or, ces poissons chantants,* comme on ne fait qu'entrevoir une tache bleue ardoise virevoltant dans l'air, sautant dans l'herbe, avant de pouvoir identifier enfin le merle bleu ; comme il suffit d'une toute petite note filée au crépuscule pour savoir que l'oriole est là, quelque part, vivante, au faîte du chêne ou du pin gris. L'oreille dormante n'est pas là non plus pour nous faire entendre des voix comme l'imaginait Danielle R. qui insistait : « Je ne suis pas Jeanne d'Arc, moi ! Et je n'ai aucune envie de pratiquer le *channeling* ! » (*Channeling* est un mot qui n'apparaît pas encore dans les récentes éditions des dictionnaires français. C'est un procédé des sciences occultes, elles-mêmes rebaptisées *new age*. Il s'agit d'un mode de communication entre un humain et une entité appartenant à une autre dimension ; certains médicaments, comme la cortisone, peuvent provoquer une hallucination auditive qui s'apparente au *channeling* et qui est difficile à distinguer de cette dernière. J'ai en ma possession des pages et des pages manuscrites de transcriptions de *dictées* « orthographiées » par ma mère pendant quelques années, dans les mois qui ont suivi l'ordonnance de cortisone. La syntaxe et l'orthographe de ces *dictées* sont impeccables. Ma mère a été très heureuse pendant toute la période où elle a été accompagnée par ces entités interlocutrices, et elle s'est sentie épouvantablement abandonnée lorsque les entités lui ont expliqué qu'elles devaient la quitter. Les interlocuteurs de ma mère avaient toujours été, avant la cortisone, les compositeurs, Schumann, Brahms et Chopin. « Je ne pensais à rien, je n'ai jamais pensé à rien, je n'entendais que la musique, je n'ai toujours entendu que de la musique, du plus loin que je me souvienne. » Elle s'était mise au piano à trois ans. La dernière œuvre qu'elle a retravaillée, à quatre-vingt-cinq ans, a été *L'Étude révolutionnaire*. C'était après que les entités l'eurent quittée.) La parenthèse est fermée. On s'entend bien. Nous ne parlons pas de ce genre de *dictée*. Sauf que, si vous permettez, je vais ajouter une petite histoire. Après deux mois de travail sur cette affaire d'*oreille dormante,* une étudiante a demandé à me voir pour que nous parlions du texte qu'elle comptait écrire. « Cet exercice m'a conduite à une découverte que vous n'imaginez pas, m'a-t-elle dit. Est-ce que vous savez que je souffre d'anorexie ? » Je l'ignorais et je ne pouvais pas lui dire que ça ne se voyait pas parce que « ma vie avec les anorexiques » m'avait fait comprendre que rien n'est plus mal indiqué que d'avouer à une anorexique qu'on n'a rien remarqué. « Eh bien, m'a-t-elle dit en souriant largement, ça y est ! Grâce à ce travail, j'ai isolé la voix qui me parle et qui me séduit, la voix qui me persuade que je dois faire mieux, vous savez, que je peux aller encore plus loin, que c'est possible de ne plus manger du tout. Je n'en reviens pas encore. Ce n'est pas du tout comme vous dites, des fragments, des bouts, des fils, non, non. C'est une voix chaude, amicale, douce, qui parle normalement, comme vous et moi en ce moment, et qui réclame toute mon attention, toute mon amitié. C'est une amie qui envahit tout mon espace intérieur. Depuis que nous avons commencé ce travail, j'ai compris quelque chose que je ne peux pas vous expliquer, mais le fait de devoir aménager un nouvel espace pour entendre les textes des auteurs que nous avons lus ensemble et pour entendre ce que ces textes nous donnaient à entendre de nous-mêmes, ou ce que nous leur confiions de nous-mêmes, a fait reculer cette voix en moi. »

Je me souviens que j'ai dû me lever pour baisser les stores. Le soleil hivernal de quatre heures nous aveuglait. Ici, je pense encore à d'autres formes de « voix » qui surgissent dans le champ de la conscience de certains pour leur éviter un accident et pour les prévenir qu'un des leurs est en difficulté ou décédé. Messages subliminaux, toujours douteux. Messages qui défient les conventions de l'espace et du temps. Perceptions extrasensorielles dont nous ne savons que dire, quoi penser. Et pourtant, nous leur inventons, pour les faire tenir debout dans l'expérience que nous en avons, une explication que nous évitons soigneusement de raconter aux crocodiles vu l'épaisseur de leur cuir, la cruauté de leur regard et la puissance de leurs mâchoires. Cela dit, rien ne nous assure que le crocodile soit insensible aux signaux subliminaux. Il est peut-être l'un des êtres les mieux masqués de la planète et il promène peut-être dans les bayous une polyphonie intérieure éblouissante.

Si notre polyphonie intérieure à nous semble parfois muselée, muette, éteinte, inerte, il suffit qu'un événement vienne troubler la surface identitaire pour que surgissent des pistes internes d'étonnantes manifestations. Quand notre couche superficielle — qu'on pourrait appeler notre masque ou notre face visible ou notre peau — est ébranlée par un regard, un silence, un geste, un rire que nous ne pouvons interpréter sur-le-champ, le monologue intérieur nous aide à ne pas perdre pied, c'est-à-dire à ne pas perdre la face quand notre équilibre est atteint, et il l'est dès que notre contenance l'est. Le masque que nous portons désormais après en avoir essayé plusieurs n'est pas encore au point. On consacre alors une bonne tranche de son temps à discuter et à chicaner intérieurement : « J'aurai l'air de quoi ? » Les ados passent des heures à lisser et à délisser leurs cheveux, vers l'avant, vers l'arrière, à se casquetter dans un sens ou dans l'autre, à lacer ou à ne pas lacer leurs godasses, à se boutonner ou à se déboutonner. Un rien fait hurler la surface, l'ébranle, la trahit et déclenche le monologue intérieur auquel on avait opposé *la sourde oreille*. Si on résistait encore à l'évidence du travail narratif intérieur, on ne peut plus le nier lorsqu'on se souvient des péripéties dramatiques qui marquent les premières sorties en public, au moment où franchir le seuil de la maison pour aller à l'épicerie du coin constitue en soi une apparition publique où tout va se jouer. Et lentement, par la répétition des expériences, la surface identitaire (« de quoi j'ai l'air ») trouve son uniforme, sa tenue de sortie, un amalgame qui permet de donner le change et de se persuader qu'on a l'air naturel avec ce pignon sur la tête, avec cet anneau sur le front, sans être encore tout à fait conscient que la convention du naturel varie suivant les quartiers qu'on traverse. Un jour enfin, nous ne sentons plus le masque que nous nous sommes donné sans même savoir que nous étions en train de le modeler. Il est presque parfaitement ajusté. Il va être formidablement utile pour nous renseigner sur l'appareil narratif qui nous est propre. Car il suffira d'une circonstance anodine pour qu'on éprouve à la fois l'utilité du masque et la vitalité du multipiste intérieur. Se faire arrêter pour excès de vitesse constitue en soi une petite catastrophe qui déclenche l'ouverture de différentes pistes internes de sonorisation, dont certaines nous renversent par leur caractère brutal, vulgaire, familier. On se surprendra à vouvoyer dehors (dans le masque) et à tutoyer dedans, à hurler à l'intérieur et à discuter poliment à l'extérieur, ou encore à chuter dans une délicieuse résignation, sous l'influence de quelque maxime émergeant d'une piste à soutane. Ce qui nous intéresse ici n'est pas de découvrir notre nature commune, mais notre nature *différente* : quelles grossièretés ou quelle politesse, quelle révolte ou quelle résignation se prononcent là, avec quel accent, quels gestes contient-on, qui les retient, comment ? Lorsqu'on ne commet pas un geste, comment fait-on pour ne pas le commettre ? Lorsque vous racontez que « vous l'auriez tué », dites-moi avec quels moyens narratifs vous ne l'avez pas tué ? Ce sont des milliers de petits ajustements qui se font à une vitesse incommensurable et leur résultat est toujours plutôt pacifique. N'est-ce pas étonnant ? Nous ne perdons plus la face. Enfin, presque.

J'ai proposé un exercice aux étudiants : C'est une personne qui arrive en retard à son cours. Avant d'ouvrir la porte de la salle de classe, elle entend les éclats d'une conversation très animée. Au moment où elle entre, tout le monde se tait subitement avant d'éclater de rire.

Si on essaie de traduire (d'orthographier) ce qui arrive alors au monologue intérieur, on doit repasser la scène au ralenti. Car ce n'est que plus tard, après l'événement, qu'on pourra réécouter ce que ça racontait. Mais sur le vif, en dix minutes, une étudiante a écrit ce monologue intérieur : « Quelque chose n'allait pas, me suis-je dit, me disais-je, si je pouvais attraper mon miroir, le miroir qui est dans mon sac, mais est-ce qu'il n'était pas plutôt dans le sac que j'avais laissé près du lecteur de CD, mais est-ce que je l'avais éteint avant de partir, me demandais-je en me disant que je devais retourner chez moi le plus rapidement possible pour vérifier si j'avais éteint la cafetière, sinon toute la maison empesterait le café brûlé, horreur de l'odeur du café brûlé, de ce goût, maintenant ils rient moins, maintenant ils fouillent dans leurs feuilles, dans leur cartable, maintenant je vois leurs chaussures bouger à n'en plus finir, m'étais-je dit, me disais-je, mais je n'ose pas sortir mon miroir car même si je parvenais à établir si ce miroir est, oui, dans mon sac, je n'oserais pas le sortir, je n'oserais pas y jeter un œil, car évidemment, pensais-je, si j'y jette un œil — quelle étrange façon de jeter son œil un peu partout —, tout le monde saura que je me sens attaquée, or je ne me sens pas attaquée, je suis seulement inquiète, me disais-je, mais est-ce que je suis en train de minimiser ce que je ressens, qui est que je me sens victime, que je me sens attaquée, mais peut-on être, me disais-je, attaqué par des rires… »

Cette étudiante n'avait jamais lu Thomas Bernhard mais en connaissait déjà le ressort, allait forcément se trouver en pays de connaissance si jamais elle lisait *Maîtres anciens* ou *Extinction*.

Un étudiant écrit : « Tout se brise en moi. Mes oreilles n'entendent plus que le vacarme de la vitre qui se brise, se brise, se brise. Mais est-ce de la vitre ? Il y a de la vitre en moi ?… »

Les rires sont transformés en vitre sur les pistes narratives qui n'oublient pas que le miroir est en verre, et suggère que c'est bien l'image de soi qui est pulvérisée par les rires.

N. : « Bon, quinze minutes de retard, et alors ? Il n'y a pas vraiment de quoi avoir honte, ni de quoi faire rire. Quoi d'autre ? Mais pourquoi, si je n'ai aucune raison d'avoir honte, avoir rougi à ce point lorsque leurs yeux se posèrent sur moi et que leurs conversations cessèrent ? » J'ai relu ce petit paragraphe plusieurs fois. Le passage au passé simple du discours intérieur imaginé par N. m'a intriguée. Comment l'expliquer ? Le monologue intérieur possède tant de ruses. N'en était-ce pas une ? Le personnage de N. refusait de se compliquer la vie. Il passait donc au passé simple. Simple pour se simplifier la vie, mais compliqué pour que la vie concorde avec le temps. Son personnage va se réfugier dans le seul passé qu'il ait sous la main au moment où il voudrait savoir s'il rougit encore ou si le sang a enfin repris son cours normal. Le passé simple de la langue littéraire lui offre soudain de l'abriter. C'est émouvant, surtout venant de quelqu'un qui n'a pas lu beaucoup. D'où venait donc ce passé simple ? Il n'existe plus dans la langue orale, si ce n'est dans les chansons : « Pour un bouquet de roses que je lui refusai… » « On tira à la courte paille… » Ou encore dans les rituels religieux : « Il prit le pain, le bénit, le rompit, le donna à ses disciples… » C'est mouvant. Et ça prend le risque du comique, puisque le comique guette toujours l'émouvant pour faire son beurre. Quoi qu'il en soit, ce passage soudain du présent au passé simple peut nous signaler qu'être accueilli par un silence suivi d'un rire peut traverser le masque et atteindre en nous un lieu plus précaire qui doit se défendre pour ne pas perdre l'équilibre et qui se défend par des segments de pistes sonores qu'on n'a pas appelés mais qui accourent pour nous soutenir. Par le biais d'un monologue intérieur imaginé, chaque texte apportait une nouvelle solution à la menace de perte d'équilibre. Il y avait la dénégation : « Je n'ai rien entendu, ils ont ri ? » « Il ne se passe absolument rien dans cette salle de classe, comme d'habitude, je ne crois pas qu'il se passe quelque chose ici, il ne se passe jamais rien ici. » Il y avait l'évitement du contact visuel : « Je regarde obstinément le lacet du soulier gauche de Lia, et je remarque que le lacet a perdu son ferret, donc Lia doit sans doute mouiller le bout de son lacet pour l'introduire dans l'œillet de son soulier, tiens, bizarre que je me souvienne du mot "ferret" alors que je ne l'ai appris que la semaine dernière, je mangerais bien une pizza, mais la pâte est toujours trop épaisse à mon goût, donc, bon, il faut absolument que je pense à acheter un rouge à lèvres naturel, j'ai encore oublié, pourtant je m'étais promis de le faire aujourd'hui, mais après le cours, il sera trop tard, non, peut-être, attendez, pourquoi je vois la bouche de ma mère ? Je lui ai dit si souvent : mais achète donc un rouge plus naturel, tu me fais honte quand on sort ensemble, de quoi j'ai l'air, moi, avec ton rouge à lèvres écarlate ? »

Un événement si anodin peut faire ressurgir à la surface ou s'enfoncer en profondeur d'autres événements à travers les bandes passantes de l'appareil narratif. Si le petit retrait nécessaire à la captation du mouvement des bandes passantes tient l'oreille dormante en alerte, on peut trouver les mots, on peut « orthographier » un événement inédit. Nicole Houde dans *La Maison du remous* : « Laetitia étire lentement la pointe de ses cheveux. Elle plaque sa main droite devant sa bouche. Elle souffle ensuite sur ses doigts. Il y a un fossé entre ses gestes : ils s'écartent, s'abandonnent. Chaque geste se dissocie des suivants. Chaque geste perd la mémoire, creuse machinalement le fossé où il choit. »

On entend, en lisant ce texte, les gestes sombrer un à un dans les trous de mémoire, dans le ralenti, dans l'arrêt sur image. Combien de temps faut-il pour parvenir à cette transcription orthographiée de ce qui a eu lieu dans l'appareil narratif au moment où le corps s'est mis à creuser ce fossé où les gestes tombent, fossé pour ne pas dire tombe, tombe où ça tombe, tombe du discours intérieur d'où il faudra sortir pour *orthographier* ce qui s'est dit, inscrit, écrit là ? Sensation d'agonie, de mort, de perte, dans les minutes qui absorbent le choc. Parfois dans les heures où les pistes enregisteuses-enregistrées reculent loin du champ de la conscience. Parfois pour toute une vie, désormais vécue comme une glaciation de sa propre histoire.

Le corps et la tâche ardue des pistes vigiles

« Écoute ton corps, il te parle. » Chacun de nous, mais pas tout de nous-mêmes, comprend qu'il s'agit d'une métaphore : le corps ne parle pas, il signale. Le corps ressent des changements d'états et les signale par des rots, des borborygmes, des soupirs, des sécrétions, des cris, des sanglots, des gestes, des gigotements de plaisir, d'appel, de détresse, bref par une série de signaux qui se répercutent en onomatopées (aïe, ouche, hi, ayoïlle) qui ne parlent que si on les décode en mots, c'est nous qui les faisons parler. Ce n'est pas le corps qui nous parle, c'est une façon d'en parler, et de dire qu'il parle est une fiction qui nous parle. Les signaux émis par le corps sont captés par le multipiste qui interprète ces signaux en faisant appel aux données sensitives et sensorielles déjà colligées sur ses pistes sous forme de langue : « J'ai mal à ton côté, tu as mal à mes yeux »… (Félix Leclerc). « Fais parler ton corps », façon de parler. « J'écris avec mon corps » veut dire qu'on fait appel à son expérience sensitive, sensorielle, physique et qu'on trouve « les mots pour le dire ». On dit tout aussi bien « j'écris avec mon âme », ou « j'écris de toute mon âme » en regardant fixement son clavier. Encore façon de parler, façon de regarder les mots sauter d'une piste à l'autre de l'appareil narratif. « Le témoignage des sens est lui aussi une opération de l'esprit où la conviction crée l'évidence », écrit Proust dans *La Prisonnière*. C'est ce que Gregory Bateson montre et démontre avec tant d'amitié dans *La Nature et la Pensée*.

La manière qu'ont l'appareil narratif et son fameux multipiste de recueillir les données des sens et de les relayer en mots, en phrases qui nous mettent en garde, qui nous alertent, qui nous apaisent, constitue une véritable mine de stratégies narratives, des plus comiques aux plus tragiques si on a la force de s'obliger à ce retrait qui donne à l'oreille dormante le champ d'écoute dont elle a besoin. En général, les pistes vigiles font leur ronde continue et racontent des choses toutes simples, sortes de litanies routières : c'est l'heure de manger, j'ai faim, ça presse, je sauterais bien un repas, je suis barbouillé, déjà, je mangerai demain. C'est l'heure de dormir, on dormira bien assez quand on sera mort. Il vaudrait mieux arrêter de rouler, tu vas provoquer un accident, tu vas t'endormir au volant, prends donc le temps de t'arrêter. Je suis en plein dans un courant d'air, oui ou non et une fois pour toutes, est-ce que je devrais me faire vacciner ? Bon, ça devrait être vraiment le dernier verre pour ce soir, mais qui sait si tu seras là demain ? Personne. Alors, au cas où je ne serais plus là demain, un dernier verre, allez !

On dirait des vestiges des pistes préhistoriques dont on n'a supposément plus aucun souvenir. On dirait quelqu'un qui veille sur nous, qu'on déteste, qu'on jette, mais dont la vigilance nous rassure tout de même, dans la mesure où elle ne nous assomme pas avec ses recommandations. Mais il faut aller plus loin pour trouver les pistes narratives en plein délire. C'est là qu'elles sont passionnantes, qu'elles prennent du mordant. Tiens, une petite bosse vient d'apparaître sous la mâchoire, à droite. Ou plutôt entre l'oreille et la mâchoire. Chacun se met en mode alerte à sa manière. Chacun agit suivant l'expérience et la compétence qu'il a acquises lorsqu'il a eu la scarlatine, la rougeole, le rhume, la grippe, la polio, la paralysie oculaire. On débat, on appelle au calme, on appelle au secours, on nie, etc. Et suivant les conclusions du débat, les uns se précipitent pour trouver un notaire dans les pages jaunes. Les autres restent très parfaitement paralysés et tentent de décider si c'est Vénus ou Jupiter qui scintille à l'horizon, vont sur un site d'astronomie pour trouver la réponse. Sortent prendre un bain de foule. Hument l'air à n'en plus finir. Vont de biais, de profil, jusqu'à la clinique. D'autres s'y rendent tête baissée, s'emparent d'un journal dans la salle d'attente, découvrent qu'il y a eu un effondrement de viaduc en Chine. « Ne le prends pas personnel », répète le Facilitateur enregistré. « Je suis prêt, que ta Volonté soit faite. » Envahissement, violent sentiment d'injustice, résignation, c'est mon tour. Exultation, c'est le tour d'un autre, il y a une justice finalement. Il y a *des mots pour le dire,* et ce sont ces mots-là qui discutent, qui nous discutent, qui nous inventent, et c'est donc nous, puisque les mots, c'est nous. Et lorsque je m'effondre en *disant* qu'il n'y a pas de mots pour le dire, ce que je dis là, ce sont encore des mots qui parlent du corps.

Sauf que. Si on a grandi sans faire l'apprentissage de cette transcription essentielle des signaux du corps, si on a grandi sans apprendre que le corps n'est pas du tout un vaste LÀ (« Tu as mal LÀ ? »), un LÀ jamais différencié par les mots, un LÀ ventre, un grand ventre LÀ, on se brûle l'index et on montre le ventre (ce n'est pas fou non plus à un certain âge), eh bien, il n'y a pas de secours à attendre des pistes narratives, elles ne sont pas équipées.

Elles ne disposent que d'un vague dictionnaire, et dans ce dictionnaire, il y a un LÀ. Et à B, vous trouvez « Becquer bobo » comme panacée. Tout le monde a vu venir les conséquences. Les urgences sont bondées. Ah, vous pensiez qu'il suffisait de posséder un dictionnaire des maladies courantes pour se diagnostiquer ? Eh bien, non. Pour répondre aux signaux inhabituels, l'appareil narratif a besoin d'avoir fait l'apprentissage du vocabulaire qui lui permettra de traduire. Il faut qu'il ait des histoires de bobos, de grogs, d'herbes aux sorciers, de jus de sorcière, d'horribles purgatifs, de terribles erreurs médicales à se raconter, à comparer, à étudier pour qu'il puisse nous secourir et nous tirer de l'angoisse panique qui s'empare de tout l'être lorsqu'il se trouve soudain sans moyen coincé dans un corps qui n'entend pas du tout à rire, qui n'est plus qu'un grand LÀ où tout se noie.

Sauf que. Imaginons que nous aurions acquis la compétence nécessaire pour différencier une indigestion d'un début de crise cardiaque, une brûlure superficielle d'une brûlure au sixième degré, une détresse respiratoire d'une phobie… Et pour quoi faire ? Pourquoi se transformer en diagnosticien de sa propre santé quand il existe des spécialistes de la santé ? La passivité à laquelle conduit la croyance que « quelqu'un sait », qu'« il y a un expert dans la salle », fait reculer la capacité de l'appareil narratif de reconnaître et de traduire les signaux d'alerte en discours intérieur, et du coup handicape notre capacité d'esprit critique et de prise de décisions. Si, par exemple, je prends l'avion et que quelques minutes après la fermeture des portes je pense : « Je manque d'air », je me dis que je suis de nouveau la proie de ma phobie de l'enfermement et j'essaie de me détendre. Si je repense ensuite : « Il manque d'oxygène dans la cabine », juste au moment où sur les écrans apparaît la démonstration suivant laquelle les masques à oxygène se déclencheront *automatiquement* si l'oxygène vient à manquer dans la cabine, je me détendrai de nouveau. Et si en me détendant je pense que le déclenchement automatique des masques à oxygène est basé sur un besoin statistique d'oxygène, il est bien possible que je sois morte avant le déclenchement des masques. Peut-être devrais-je faire appel à l'hôtesse puisque j'ai des sueurs qui perlent de partout et puisque j'ai envie de me mettre à crier que je suis en train de mourir. J'appelle donc l'hôtesse, que je trouve incidemment bien pâle, et lui demande (sans hurler, sans mettre de majuscules) de me donner de l'oxygène au moyen du masque prévu à cet effet. Elle me demande si j'ai un certificat médical attestant d'une difficulté cardiaque particulière. Je n'en ai pas, mais je vois l'hôtesse prendre appui sur le dossier du siège, puis s'asseoir sur le bras du fauteuil et chercher son souffle pour me dire qu'il n'y a pas de problème, que tout est sous contrôle, de boire un peu d'eau et de me calmer. Je me calme si bien que je m'évanouis. On me transporte d'urgence vers l'arrière de l'avion où on trouve la place pour m'étendre. On me met un masque à oxygène. J'entends que je reprends vie. Que je ne suis pas morte. Le chef de cabine vient me confirmer sous le sceau du secret qu'il y a eu un problème d'arrivée d'oxygène au moment de la pressurisation, mais que dans ces cas-là il vaut mieux ne pas faire paniquer les autres voyageurs, puisque tous sont persuadés qu'il ne peut pas y avoir moins d'oxygène qu'il n'en faut, et que les masques se déclencheront automatiquement s'il en manque.

Nous habitons un monde statistiqué mur à mur et de bord en bord. Chacun connaît une anecdote plus loufoque que l'autre à ce sujet, qui démontre que nous croyons tous qu'il n'y a pas de conséquences pour nous à cet état de fait. L'injonction « Ne le prends pas personnel » fait pourtant partie de ce qui pourrait éveiller nos soupçons. Je ne sais plus quel été de fournaise, j'attendais en tête d'une petite foule de passagers l'autobus de quinze heures pour Ottawa au terminus de la rue Berri. À quinze heures quinze, aucun autobus n'étant apparu et *aucun des passagers* n'ayant bougé de la file d'attente, je me suis résolue à entrer dans le terminus pour m'informer. J'ai demandé à l'agent de Voyageur à quelle heure partait l'autobus de quinze heures pour Ottawa. L'agent regarde sa montre et me dit que l'autobus de quinze heures est parti à quinze heures. Il est content d'être membre du Club Élite. Je lui explique que je fais la queue à l'extérieur depuis trois quarts d'heure et que jamais je n'ai vu l'ombre d'un autobus pour Ottawa. L'agent me demande pourquoi j'ai attendu aussi longtemps dehors, si je vais bien, *si j'ai un problème*. Je lui explique que j'ai attendu si longtemps sur le quai parce que je désirais avoir une place en avant de l'autobus, de préférence côté couloir, pour ne pas attraper de pneumonie en recevant leur climatisation directement dans les narines. Il finit par consentir à aller vérifier sur son écran, et sur son écran, il voit (« je vois ») que l'autobus pour Ottawa a quitté le terminus à quinze heures. Je le persuade difficilement mais quand même de se déplacer jusqu'à la porte 13 où il pourra constater que tous les voyageurs attendent, comme des moutons patients, que l'autobus de quinze heures se pointe. Je ne vous dis pas sa stupéfaction lorsqu'il découvre qu'il n'a pas affaire à une cinglée. Résultat des courses, le chauffeur faisait sa sieste dans son bus.

Nos corps sont désormais sous statistiques. Si les statistiques ont « tout bon », elles ne sont quand même pas équipées d'un appareil narratif qui leur permettrait de se raconter des histoires entre elles, de délibérer et de passer à l'action *autrement* que la façon dont elles sont programmées à prévoir et à réagir. Cela me rappelle une expérience à laquelle Bell Mobilité nous conviait lors d'une exposition sur les sens (les cinq sens), au Musée de la civilisation, et qui consistait à mesurer notre capacité auditive. Il s'agissait de mettre un casque d'écoute et de déterminer jusqu'à quelle fréquence, des plus hautes aux plus basses, on percevait les sons. J'ai appelé l'appariteur du module Bell pour lui signaler que mon appareil était défectueux. Le spectre des sons audibles ne me paraissait pas complet. Après un bref examen, l'animateur m'a assuré que tout était normal. Normal ? Qu'est-ce qu'il entendait par là, puisque mon oreille perçoit sans aucune tension des fréquences beaucoup plus élevées et beaucoup plus basses que ce que la machine proposait ? Il m'a dit que j'aurais pu découvrir la réponse toute seule, que c'était tout simplement moi qui n'étais pas normale puisque cette expérience avait été conçue pour la moyenne des ours. « Une oreille humaine normalement constituée n'entend pas au-delà de ce que l'écran nous montre. » Je lui ai alors demandé si lui-même entendait au-delà du spectre. Il m'a répondu de ne pas le prendre si personnel. « Ne le prenez pas personnel, m'a-t-il dit, c'est juste une animation interactive populaire pour faire plaisir aux clients. — Vous me remboursez le prix d'entrée alors ? — Des comme vous, il n'en vient pas plus d'une par expo, heureusement. »

Sauf que. Sauf que le corps, dit-on, n'envoie aucun signal qu'il héberge un cancer, ce qui est vraiment le comble pour un multipiste affecté d'une hypocondrie même normale. Disons que ce que nous savons jusqu'à maintenant, que le corps n'envoie pas de signaux, a de quoi nous intriguer, a de quoi nous laisser soupçonner que nous ne reconnaissons pas les signaux. On pourrait en tout cas le dire comme ça : nous ne reconnaissons pas les signaux. Ça voudrait dire que notre appareil narratif n'est pas équipé pour les traduire. Ce qui ferait une *différence* dans notre manière de *débattre* de ce qui nous arrive. La seule proposition, très farfelue vue sous un certain angle, qui ait été avancée jusqu'à aujourd'hui, vient du Dalaï-Lama, dans son livre *Vaincre la mort*. Elle suppose que le signal qu'un cancer vient de se déclarer dans le corps est un changement de *personnalité* : l'entourage ne reconnaît plus la manière d'agir, les opinions, les humeurs de l'être atteint. Le corps atteint change l'esprit de l'être atteint, dit-on, dès que le cancer se déclenche. Le signal serait donc donné par l'appareil narratif qui ferait surgir des tréfonds de son magma d'autres organisations narratives que les proches reconnaîtraient comme n'étant pas celles auxquelles ils s'étaient habitués. Il y a matière à mettre l'oreille dormante au travail.

Il neigeait. Nous marchions bras dessus, bras dessous, au bord du canal, la Mouette et moi. Nous voulions nous rendre jusqu'au marché pour voir si les sapins baumiers étaient arrivés. « Que crois-tu, a dit la Mouette ? Est-ce que je devrais me décider à… ? » Une mauvaise toux l'a interrompue. Quand elle a eu repris son souffle, elle avait répondu elle-même à la question. « Non, c'est impossible. Je ne peux pas, je ne veux pas tout raconter. Et je t'interdis de me mêler à ce que tu racontes dans tes livres. Oui, tu as bien compris. Je me demande toujours si j'aurais dû commencer, essayer de… faire une analyse. Ici, les gens qui s'occupent de moi m'ont convaincue de ne jamais prononcer le nom de cette maladie. Ils sont sûrs que de ne pas prononcer son nom contribue à la guérison. Ce sont des spécialistes, mais ils travaillent encore avec des fictions. Peux-tu, à ma place, prononcer ce nom une fois pour toutes ? — Mais bien sûr, évidemment, lui ai-je dit doucement sans mettre de majuscules, tu as un cancer. » Nous n'avons pas trouvé le baumier qui lui aurait plu. Elle est partie en mai, après avoir aimé une dernière fois les tulipes, les lilas et les premières parulines, les fauvettes d'autrefois.

Je n'ai pas suggéré aux étudiants d'imaginer le monologue intérieur d'une personne qui se serait interdit de prononcer le nom de sa maladie, un cancer en phase terminale, et qui chercherait à décider si oui ou non elle devrait mettre des glaçons cette année dans le sapin de Noël.

Les zones frontalières

La cartographie des territoires du moi est difficile à établir sans faire appel aux incidents frontaliers qui s'y produisent. Depuis nos premiers jours, à travers la succession des événements vécus à nos frontières, nous avons tracé le domaine au sein duquel nous savons circuler librement. Plusieurs de nos bandes passantes ont pour tâche la surveillance des postes d'entrée et de sortie du domaine. Il n'y a pas de plus précieuse denrée pour le multipiste que les frictions incessantes, les énervements, les irritations aux passages des douanes. Nous adorons les ruminer seuls ou à plusieurs. Nous possédons un vocabulaire impressionnant pour désigner ces activités journalières qui non seulement alimentent nos ressassements, mais fournissent aussi leurs matériaux au cinéma, au théâtre, à la nouvelle. Elles s'appellent frôlement, empiétement, ingérence, influence, envahissement, débordement, contagion, contamination, occupation, usurpation, chevauchement, annexion, prédation, extorsion, parasitisme, phagocytose, coup d'État, guerre ouverte, trêve, traité, trahison, manipulation, complot, séduction, persuasion, ruse, secret d'État, machination, manigance, emprise, mainmise... Avons-nous oublié l'effraction ? Il me semble que ces mots-là sont bien grands, bien imposants pour parler de petites invasions qui ont le pouvoir de déchaîner la machine pensante, comme on l'a vu plus tôt au sujet de la protection du masque. Un beau jour de 2004, on demandait aux auditeurs de la radio du matin de téléphoner pour raconter un de ces incidents qui les mettaient hors d'eux. Une femme a confié qu'elle considérait comme une ingérence insupportable le fait que certaines vendeuses lisent son nom sur sa carte de crédit et se mettent alors à l'appeler par son nom. Ça devrait être interdit, protestait la femme, ou alors, qu'on renonce à inscrire nos noms sur nos cartes de crédit. Un auditeur a dit que lorsque son beau-frère arrivait et lui donnait une petite tape sur le ventre en disant « Salut, le grand ! », il sentait ses instincts les plus meurtriers se réveiller et qu'il se demandait souvent comment il arrivait à maîtriser ces instincts-là. Un autre a raconté qu'il n'allait plus jamais au théâtre depuis le jour où un comédien était descendu de la scène et était venu s'adresser à lui personnellement. « Hé, bonhomme, avait dit l'homme au comédien, ta place est sur la scène et je vais t'aider à y retourner si tu as besoin d'aide. » C'était la première fois qu'il tutoyait quelqu'un qu'il ne connaissait pas en public. Sa rage était telle qu'il a quitté le théâtre. « Je hais, a-t-il ajouté, tout ce qui est interactif, je considère que tout ce qui est interactif est conçu pour accentuer la débilité ambiante... » Le multipiste s'emballait. L'animateur du matin l'a arrêté : « Hé ho ! Vous n'êtes plus au théâtre, vous en êtes sorti, bravo, et merci beaucoup de ce témoignage. »

Bulles, zones publiques et zones privées se froissent, s'entrechoquent, se carambolent. Des nuées d'anecdotes nous traversent l'esprit, mais ce n'est pas la recension de ces irritants qui rendent la vie infernale qui nous intéresse ici. Nous cherchons plutôt à prendre conscience du fait que nous sommes les auteurs des monologues rageurs ou humoristiques, résignés ou soumis que ces événements déclenchent, et à établir comment le contexte au sein duquel tel ou tel incident vient prendre place change toute la donne, toute la portée, toute la manière, tout le style donc, que nous avons d'y réagir. D'autres phrases, d'autres idées, d'autres inventions, d'autres images, d'autres fantaisies naissent et grandissent à une vitesse phénoménale. Et nous voulons prendre conscience du fait que nous jetons l'oreille dormante par-dessus bord lorsque nous sommes *passionnément atteints*, par un coup de foudre ou par un coup du sort. Nous refusons alors de prendre le moindre recul. Non seulement nous en sommes incapables, mais nous ne le voulons pas.

Personne n'aura de mal à évoquer pour lui-même un événement qui lui a fait connaître l'enfermement « dans sa tête » lorsqu'une seule piste enregistrée s'est mise à passer en boucle et a endigué tout le flux narratif dans ses inlassables reprises et répétitions. S'il y a une expérience qui peut faire céder les doutes sur l'autonomie de l'appareil narratif, c'est bien celle de l'obsession qui crée un éden intérieur lorsqu'elle prolonge indéfiniment le trouble, l'émoi, la passion amoureuse, l'ivresse du plaisir, de la réussite, le désir, l'élan, la projection vers l'avenir, mais un enfer intérieur lorsqu'elle enserre dans son étau pour mieux les ruminer les injustices, les jalousies, l'envie, la rage, la révolte, le désir de vengeance et de meurtre et la peur de se casser un ongle.

Il se passe alors, sur la scène de la conscience, un événement analogue à ce qui survient lorsque toutes les chaînes de télévision se polarisent sur le même drame, de l'assassinat du président J. F. Kennedy à la mort brutale de la princesse Diana, de la guerre du Golfe à la grippe aviaire et à la pulvérisation d'une navette spatiale dans l'espace, de l'effondrement d'un pont à l'exécution d'un condamné, d'un plongeon qui vaut une médaille d'or à une bagarre générale au hockey et à une tuerie dans une école et à un tsunami. Passé le choc causé par la nouvelle, passé le saisissement des premières reprises des images, nous restons cloués à l'écran, pris en otage et fascinés par cette répétition qui force notre attention comme s'il s'agissait d'un suspense où il allait inévitablement se passer « du nouveau ». Le drame a bel et bien eu lieu, il est bel et bien terminé. À l'écran, il ne fait que commencer. Les commentaires s'enchaînent les uns aux autres, formant l'interminable homélie des funérailles de l'événement. Qu'il s'agisse de l'appareil narratif individuel ou médiatique, nous sommes bien obligés de reconnaître que leurs critères d'importance, de pertinence, de vraisemblance n'ont pas grand-chose à voir avec ce que nous tenons pour le bon sens. La télévision reflète plus que jamais l'anarchie qui règne dans le chaos narratif de chaque individu. L'événement qui vient brusquement brider les flux et qui les canalise en un seul dérègle l'horaire des programmes comme il dérègle notre perception du temps et de l'espace. Quelle heure est-il ? Le temps stagne, se précipite, s'arrête, déserte et fuit. Dans quel espace sommes-nous ? Dans le désert, dans une foule compacte, sur le toit d'un édifice, au cœur de la tornade, entre des draps parfumés ? L'obsession nous entraîne dans une impasse. Puisqu'elle se déclenche pour faire *durer* la jouissance, la plus lumineuse aussi bien que la plus noire, la plus haute comme la plus basse, elle emporte dans son courant tourbillonnaire l'oreille dormante la mieux exercée et bloque l'accès à la conscience de toute information qui offrirait une issue à la répétition, à l'impasse.

L'œuvre de Thomas Bernhard est entièrement travaillée par l'irruption du monologue intérieur comme *nécessité*. Si le narrateur bernhardien résistait au rythme du déroulement des pensées imposé par l'objet qui l'obsède, il céderait à la panique (de tuer, de se tuer, de s'effondrer, de tomber dans la barbarie, dans le magma sauvage d'où la langue le fait émerger). La tension entre la panique prête à s'emparer de lui et le monologue intérieur bridé par l'écriture qui lui résiste attache des pages et des pages les unes aux autres jusqu'à sa résolution qui n'est que l'entier apaisement de la tension.

Les romans policiers, les romans d'espionnage viennent combler le désir toujours frustré d'un dénouement de nos « petites histoires ». Il y a donc une justice, il y a donc une raison, les réponses existent donc, voilà ce qui apaise le multipiste après tant d'années d'enquête sur les circonstances entourant la disparition d'un biberon ou d'une peluche, d'un héritage, d'un amour ou d'une haine. Le multipiste souffle un peu et se décrispe lorsque l'histoire qu'on lit (qu'on vit en la lisant) trouve son *happy end*. Un *happy end* n'est pas une « fin heureuse », mais un terme, une fin, une clôture à une histoire. Ce qui finit bien peut aussi bien être une exécution capitale qu'une vengeance ou qu'un mariage princier, comme on voudra. C'est de pouvoir passer à autre chose qui fait entrer de l'air, qui remet le courant en marche, qui débouche enfin l'horizon.

Écrire, c'est peut-être aussi décider d'en finir avec une histoire obsédante. Choisir son obsession et inventer l'oreille dormante qui aura raison d'elle, qui parviendra à lui donner un début, une durée, une fin. Et lire, c'est encore choisir d'entrer dans l'obsession d'une autre histoire pour exercer l'oreille dormante à trouver les issues de sa propre obsession.

J'ai demandé aux étudiants d'écrire rapidement, sur le mode obsessionnel, le monologue intérieur d'une personne ligotée sur la chaise du coiffeur, faisant face au miroir, en attente de sa coupe de cheveux. Le monologue le plus émouvant concernait une femme qui ne suppor-

tait pas de croiser son regard dans le miroir, qui ne sup-
portait pas que son front soit découvert, et qui attrapait
çà et là des bribes qui finissaient par former un pourquoi
qui restait suspendu entre le miroir et les lames des
ciseaux du coiffeur. Dans la salle de cours, les oreilles dormantes paraissaient de plus en plus actives et efficaces, le
petit retrait nécessaire à l'écoute, de plus en plus utile, et
on pouvait voir de plus en plus souvent une note s'inscrire en vitesse dans les marges. Au moins deux personnes avaient remarqué que les parcours en autobus
étaient devenus de plus en plus passionnants. Ce qui leur
apparaissait comme contradictoire, c'était d'avoir découvert qu'en s'entendant soi-même on entend mieux le
monde extérieur, on l'aperçoit soudain rempli de signes
et de signaux qui appellent, qui veulent être prononcés,
sinon orthographiés. Elles auraient imaginé le contraire.
Elles auraient pensé que l'effort de se concentrer sur le
monologue intérieur les couperait du monde extérieur.
Elles s'apercevaient qu'à l'inverse le monde extérieur
gagnait en présence, en précision, en profondeur de
champ.

La halte au Château

C'était l'heure de monter au Château avec la brassée de
glaïeuls rouges destinée à célébrer l'anniversaire de la
naissance de la Mouette. Raison de plus pour sortir, il n'y
avait plus d'électricité dans l'immeuble après le passage
des orages. Le Château, c'est nommé à point, parfaite-

ment kafkaïen, pour la résidence où mon père essaie de découvrir qui lui a changé sa télé. « On m'a changé ma télé, proteste-t-il chaque fois qu'il s'en souvient. Qui a pris la décision de changer ma télé, je veux qu'on me ramène ma télé. » J'examine sa télé : « Si on te l'a changée, on peut dire qu'elle ressemble drôlement à la tienne. — Ce n'est pas ma télé. Ce n'est pas non plus ma télécommande. » J'allume. Je trouve la chaîne météo. C'est la chaîne la plus stable de toutes les chaînes, avec des animateurs et animatrices qui s'adressent vraiment à vous comme à leurs meilleurs amis. De plus, on peut toujours comparer l'heure affichée au bas de l'écran à l'heure donnée par le cadran, par l'horloge et par nos montres. La vérification de l'heure affichée par nos montres est devenue un rituel. « Voilà au moins la météo, tu vois bien, c'est Réjean Ouimet que tu aimes bien qui est là. — Lui, oui, je le reconnais, mais attends, me dit mon père, attends, tu vas voir. » Une pub démarre sur les chapeaux de roues, une pub de Nissan que je n'ai encore jamais vue. Mon père me regarde : « Je vois très bien que tu *ne reconnais pas les images* toi non plus. — Je crois que c'est une nouvelle publicité. — Est-ce que tu as commandé une nouvelle publicité, toi ? — Non. — Moi non plus. Alors, tu vois bien qu'on nous a changé la télécommande, si on n'a pas commandé ces images-là, peux-tu expliquer comment elles sont arrivées ici ? »

Voilà, je suis allée au Château. Il ne m'a pas parlé de la télé. Je viens de rentrer. J'ai dérangé un jeune couple qui s'était mis à l'abri de la lumière dans l'entrée de l'immeuble. L'électricité est toujours en panne. J'ai sorti les lampes de camping qui servent de lampes d'urgence. Sans arrêt, on a des coupures d'électricité ici. Depuis cinq ans, on est le quadrilatère le plus touché de l'île de Montréal par les pannes d'électricité. Personne ne sait vraiment pourquoi. Je me suis servi un verre de vin, « un petit Lirac, c'est bien », comme dit François I. Je lève mon verre à la santé de François I. « I » pour Insaisissable, pour Inquiet, pour Inénarrable, pour Inouï.

Qu'est-ce que j'ai ? Je ne veux pas me répondre. Depuis que j'ai franchi la porte de sortie du Château, je ne sais que me répéter la scène que nous avons jouée, mon père et moi. Elle repasse dans les répliques, les répliques repassent dans ma tête, répliques, comme après le séisme, ça réplique, ça se duplique, ça se complique. Il n'y a pas d'image, il n'y a que sa voix et ma voix. Je ne vois rien. Je suis aveugle. Je me suis brusquement arrêtée au milieu du sentier du parc et j'ai prononcé tout haut : « Pourquoi, pourquoi donc ? Passe donc à autre chose ! » Mais voilà bien le problème. Si je passe à autre chose, si je saisis un autre objet — Tiens, un mélèze ! C'est un mélèze ! Je ne l'avais jamais remarqué sur ma route… —, aussitôt, les sanglots m'étranglent, les larmes coulent. Je n'allais quand même pas descendre toute la rue Lajoie en braillant. Et c'est reparti. « J'ai froid, dit mon père. — C'est parce que tu as faim puisque tu n'es pas descendu manger à midi. — Tu sais toujours tout, toi, tu as toujours une réponse. Ne change pas mon verre de place. — Je pose ton verre à la place où il est depuis un an. — Qu'est-ce que tu me parles

d'air, quel air ? Tu as mis de l'air dans mon verre ? — … »
Il s'est coiffé. Je lui tends sa canne comme chaque jour
avant de descendre pour le repas du soir. « Laisse ma
canne où elle est. — Excuse-moi. »

J'appelle l'ascenseur, bouton flèche vers le bas. Il
appuie sur le bouton flèche vers le haut parce qu'il est
convaincu que ça fait venir l'ascenseur plus vite. Le jour
où j'ai tenté de lui expliquer que ça nous faisait monter
jusqu'au dernier étage, il s'est énervé : « Tu crois toujours
que tu sais tout, toi. » L'ascenseur arrive, ça monte. « Il
monte. On n'a pas pris le bon ascenseur », dit mon père.
Ça redescend. Ça s'arrête en route. « Bonsoir, madame »,
hurle mon père à une dame à marchette. Elle me jette un
regard terrifié. Je lui souris. Elle soupire et me sourit en
retour. Nous voilà au rez-de-chaussée. La salle à manger
ouvre ses portes. Les pensionnaires se précipitent, cannes
et marchettes emmêlées. « Merci pour ta visite, merci
pour les fleurs », dit mon père en se hâtant vers sa table.

Voyez, il n'y a pas de quoi émouvoir un phoque en
Alaska. Sauf que. Sauf que c'est mal tombé, ce dialogue.
Beckett n'est pas assez fort pour contrer le coup qui vient
d'ébranler et de faire hurler les bandes magnétiques
superposées, accumulées, entassées pêle-mêle dans les
archives, bandes et pistes magnétiques sur lesquelles cet
homme a déversé la violence de sa panique de la vie, terrifiant, attaquant, humiliant, rabaissant, punissant dès
l'amorce tout récit, toute tentative de récit, toute tentative d'explication de récit de ses enfants. Ce ne sont ni la

Pianiste ni la Mouette qui se sont acharnées contre mes histoires. Elles ont seulement manœuvré pour que je ne provoque pas le Monstre, pour que je goûte le moins possible à l'acide avec lequel il défigurait toute parole.

Mais alors, c'est donc ça, la jouissance dont j'ai parlé tout à l'heure ? Quelle jouissance ? Je suis en pleine violence et j'ai promis un livre sans violence. Si je renonce à cette violence, je vais m'effondrer dans l'autre jouissance, celle de renoncer à toute question, de renoncer au livre qui apparaît soudain comme grotesque, ridicule, et définitivement saccagé par le « Tu as toujours une réponse, tu sais tout, toi, c'est entendu ».

J'avais peut-être huit ans, le matin de l'incendie de la forge. Je me suis réfugiée dans le petit groupe de curieux et j'ai écouté. J'ai écouté ce qu'ils racontaient pendant que les pompiers arrosaient les ruines de la forge. « Le pire, s'atterraient les gens, c'est qu'il n'a pas d'assurances. Sa forge n'était pas assurée. Et avec sept bouches à nourrir ! » J'entendais « avec sept bouches à mourir » et c'était encore plus terrifiant. Je suis rentrée à la maison pour le repas du midi et j'ai raconté. Le Monstre : « Eh bien, tu en sais des choses, toi, tu sais tout, toi ! — J'ai écouté les gens qui le disaient. — Tu en as une grande langue, toi, une grande langue qui ne peut s'empêcher de répéter ce que les gens disent. — ? ? ? — Eh bien, tu vas nous montrer ta grande langue. Tu vas monter sur ta chaise et tu vas nous montrer ta grande langue pendant que nous, nous allons manger et regarder ta grande langue. Sors ta langue ! Bien. Surtout, ne la rentre pas, qu'on la voie bien.

Oh, regardez donc comme elle est grande, la grande langue de Suzanne ! »

« Je ne t'avais pas regardée du tout, m'a assuré la Mouette lorsque nous avons évoqué cet épisode des années plus tard. J'étais désolée, désolée que tu n'aies pas compris que tu devais te taire. Toujours et pour toujours, te taire. »

Le passage en boucle d'un événement absolument anodin (c'est l'absolument qui est douteux ici) sert à colmater de toute urgence les brèches par lesquelles pourraient débonder les scènes de mise à la torture successives dont nous avons, à tour de rôle, dans ma fratrie, été victimes au cours de notre apprentissage du monde. Je peux imaginer, *sans m'en souvenir,* que mon appareil narratif a travaillé comme un dingue pour me permettre d'intégrer cet événement absolument sans intérêt pour quiconque sauf pour moi de manière que je puisse un jour prendre appui sur lui pour poursuivre l'écriture de mes livres. Vengeance, peur et trahison. Jouissance, c'est certain, puisque je n'en suis pas morte, n'est-ce pas ? Mais la Mouette, elle, elle en est morte. Trop tôt, elle en est morte d'épuisement d'avoir dû manœuvrer pour que la fratrie dont elle était l'aînée ne soit pas *complètement* défigurée. Elle m'avait interdit de parler d'elle, jamais, dans aucun de mes livres. Mais je ne parle pas d'elle en ce moment. Je parle seulement du monologue intérieur, ce refuge fabuleux lorsqu'il tient le coup pendant de violents orages et des pannes d'électricité prolongées. Je parle seulement d'une anecdote qui voudrait être utile. Je veux être utile à ces gens que j'entends bégayer dans tous les sens parce qu'ils ont été défigurés chaque fois qu'ils tentaient de prononcer à l'extérieur d'eux-mêmes une phrase qui rendrait compte de leur vision du monde. J'ai entendu ce bégaiement au collège à Nicolet, à Saint-Tite en Mauricie, à Jasper en Alberta, à Innsbruck en Autriche, à Lausanne en Suisse, à Liège en Belgique, à Montpellier et à Paris en France, à Cincinnati en Ohio, à Salt Lake City en Utah... Aucun de nous, bégayeux, n'a échappé au mimétisme, à l'identification contaminée. Nous avons humilié à notre tour d'autres récits, au sein de la fratrie et, plus tard, au sein d'autres fratries, hélas. Et chaque fois que nous avons pu prendre conscience de cette répétition, nous avons demandé pardon en nous traînant par terre. Parfois, on nous a pardonné. Parfois, jamais. Ce refus du pardon est une des souffrances les plus aiguës que nous ayons connues. « Oh, mes bien-aimés, soyez humbles, oh, mes bien-aimés, soyez doux, aimez la vérité... » C'est un psaume, je crois, je ne sais pas, il vient de surgir de je ne sais où. Il doit faire partie du répertoire qui m'enjoint de renoncer à la trahison. Oui, le Monstre est désormais atteint de démence sémantique, oui, c'est terrible. Mais est-ce qu'on n'est pas atteint de démence sémantique à tout âge ? L'enfant en est atteint, mais il guérit tout doucement en écoutant des histoires et en se racontant des histoires. Je suis seule, assise sur le banc rouge. Je l'aime bien, ce petit Lirac, il possède une toute petite forêt de vinaigriers au creux de ses arômes. Et je me demande soudain pourquoi les fruits ne mûrissent pas quand on les met au four. Je l'ignore.

La censure, une autre fonction
de l'appareil narratif

Ce dernier récit de la halte au Château a-t-il été inventé de toutes pièces pour les fins de cette brève exploration du monologue intérieur ou a-t-il été réellement vécu par l'auteure ? Comment pourra-t-on en décider si, au moment de la lecture de ce récit, l'auteure est décédée sans avoir jamais confié à quiconque la réponse à cette question ?

Imaginons que certains lecteurs, persuadés d'avoir affaire à un fait vécu raconté *à vif,* ont d'emblée entendu couiner en eux la voix de la censure : « Ça ne se fait pas », « Ça ne me concerne pas », « Je ne veux pas le savoir ». Je leur suggère de se saisir de ce couinement jusqu'à entrevoir de quel gond il provient ou à quelles autres occasions il s'est manifesté. D'autres auront peut-être été saisis par la crudité du récit et la question de sa réalité leur aura donné le sentiment d'avoir été dupés, comme si cette question avait le pouvoir de mettre en doute la réalité indéniable de l'expérience de *lecture* qu'ils venaient de faire. Une autre espèce de couinement s'élèvera alors pour interdire à l'auteure de couper l'herbe sous le pied à l'empathie suscitée sous prétexte de maintenir un écart de pensée qui permette de prendre conscience de ce que trame le monologue intérieur lorsque nous nous identifions ou refusons de nous identifier, par des voltes, des biais et des détours, par des confidences voilées, dans ce cas-ci, à un être humilié. Je pourrais tenter moi-même de re-parcourir mon récit et de repérer les traces, les marques qui indiquent la censure à laquelle je me suis soumise sans le *sentir,* qu'il s'agisse d'un fait réel ou inventé. Aucune des personnes avec qui je discute de la censure ne *se sent* censurée. Ne *sent* la censure dont elle serait le sujet ou l'objet. Le multipiste semble disposer d'une gamme d'anesthésiants pour nous empêcher de *sentir* ce qu'il censure. Tous les gens que je rencontre sont pour la liberté d'expression. Liberté d'expression qui veut plutôt dire, à l'heure actuelle, dans les pays de l'Ouest, liberté de goût — « les goûts ne sont pas à discuter », « chacun est *libre* d'aimer ce qu'il veut ». Les liens entre liberté, volonté et amour paraissent aller de soi. J'aime le chant des orioles et j'aime chaque seconde de la *Sixième Partita,* je déteste franchement Nelligan, les mangues et le gras-double, mais je n'arrive pas à saisir où et comment ces goûts — ce sont des goûts *indiscutables* — sont liés à ma liberté. C'est pourquoi, avec les étudiants, j'ai préféré aborder par un biais le chapitre de la censure : « Vous venez d'être nommé président ou présidente du comité de censure de votre communauté. En une dizaine de lignes et en une dizaine de minutes, pourriez-vous tracer le programme des mesures que vous souhaitez mettre en place même si vous êtes fermement convaincu que chacun des membres de votre communauté a droit à ses goûts et à ses opinions ? »

Voici quelques-unes des mesures souhaitées par ces présidents et présidentes du comité de censure : « J'enlève le droit de parole aux entrepreneurs inconscients, je fais interdire le harcèlement auprès des agriculteurs en vue de lotir leurs terres » ;

« J'interdis toute représentation de l'amour parce que l'amour est constamment idéalisé dans sa représentation alors qu'il est en réalité la source des plus grandes violences » ; « Je bannis des écrans toute scène de violence, à titre expérimental seulement » ; « Je mets le cadenas sur toutes les machines vidéo, je ferme les casinos et j'interdis toute la publicité sur les loteries » ; « J'interdis toute image montrant les *débris* d'une personne décédée ou à l'agonie à la suite de l'explosion d'une bombe » ; « J'interdis tout ce qui abrutit les gens, infopubs, junk e-mails, météo média et télé-voyance » ; « Bon, soyons concrets, je supprime immédiatement l'obligation d'attendre le feu vert quand il n'y a aucune voiture qui vient dans un sens ou dans l'autre, qu'il fait trente sous zéro et qu'il faut vraiment être un citoyen complètement taré pour obéir au règlement dans ces conditions » ; « Je démissionne immédiatement du comité de censure dès ma nomination ; je préfère me consacrer à découvrir la censure que je risque d'exercer sur ma propre écriture ».

Nous ne pouvions pas noter tout ce qui nous était venu à l'esprit sous forme d'éclairs, de bribes, de segments de pensée, les dix minutes allouées ne permettaient pas de développer toutes les pensées qui se révélaient emmaillotées serré à travers les pistes, mais elles ont suffi pour découvrir qu'il n'y a pas d'unanimité au sein des pistes narratives entre le pour et le contre la censure, pas davantage qu'entre le pour et le contre la peine de mort.

L'apprentissage du langage est inextricablement lié à tous nos apprentissages de la vie, et sa maîtrise coïncide directement avec celui de la continence, c'est-à-dire celui de la maîtrise du « caca-boudin-prout », formule enfantine qui résume toute l'affaire et dont l'enfant ne se lasse pas. Lorsque les parents, après avoir uni leurs rires à ceux de l'enfant, lui enjoignent de passer à autre chose, l'enfant sent son plaisir redoubler : le mot et la chose basculent alors dans l'interdit et la censure. Interdit de faire la chose ailleurs que là où on a dit, interdit d'évoquer, sauf secrètement avec les cousins et les amis, la chose qu'on ne fait que là. Aucune religion n'a décrété que le pipi et le caca sont sales, c'est l'apprentissage de la continence qui joue un rôle de premier plan dans notre initiation à la vie en commun et qui se fait en même temps que la continence des cris et des hurlements, et qui coïncide avec l'invention des grands secrets, des hontes épouvantées et du mensonge. Ce rire qui secoue les enfants continue longtemps de secouer les adultes. Ce qui échappe au contrôle des sphincters est le fondement du burlesque, mais aussi, dans une mesure certaine, le fondement de la censure et de l'autocensure.

La censure est-elle plus forte que l'autocensure ? Et leur source à chacune est-elle plus sociale que politique ou qu'individuelle ? Ces deux questions qui semblent être revenues à la mode avec l'autofiction, ou peut-être faudrait-il dire avec la littérature du *vécu,* sont plus difficiles à aborder du fait que la *croyance* inscrite dans l'appareil narratif veut que la censure qu'on ne *sent* pas ne peut pas exister. La seule *expérience* que nous paraissions en avoir, si on en croit nos propres récits, concerne la censure que d'autres ont subie avant nous ou subissent ailleurs que chez nous, dont nous avons entendu parler ou débattre comme étant le sort des autres. Lorsque nous suivons un débat sur la censure à la télévision, nous ne sommes pas sensibles à ce que la télévision censure avant même qu'on ait entamé le débat. Nous ne sommes pas sensibles à la censure exercée par les tabourets, les fauteuils, les éclairages, les coupures publicitaires. Nous sommes presque tous analphabètes de l'image que nous consommons. Nous regardons la télé sans en connaître la langue, ni la grammaire, ni l'orthographe, et pas du tout la syntaxe. Nous ignorons que ceux qui viennent débattre de la censure à la télévision sont soit complices de la censure intégrée au médiatique, soit épuisés par l'effort de tenir tête à cette censure à laquelle ils sont forcés de se soumettre en dépit de leur résistance. La plupart d'entre nous n'ont pas remarqué que les médias consacrent une grande part de leur programmation à se vendre et à se maintenir sur le marché, ne s'étonnent pas qu'une publicité d'une nouvelle série télévisée soit intégrée aux nouvelles nationales et internationales, et que des chroniqueurs politiques soient appelés à interviewer les vedettes de ces séries *comme s'il s'agissait* de dirigeants politiques ou de responsables des affaires publiques. C'est la raison pour laquelle je pense utile de reprendre les choses du début dans l'espoir que nous pourrons renouer avec l'*expérience directe* que notre appareil narratif nous fait vivre tous les jours lorsque nous choisissons de nous censurer dans le but d'établir ou de maintenir un monde commun vivable pour nous-mêmes et pour les autres. Ce début consiste aussi à découvrir une autre piste enregistreuse dont je n'ai jusqu'ici fait qu'évoquer le nom : *la sourde oreille,* une ultra-sophistiquée celle-ci.

Pour la vue, il y a le point aveugle. Qu'est-ce que je ne vois pas ? Qui est-ce que je ne vois pas ? Quels signes m'échappent sans cesse ? On peut rencontrer un groupe de quinze étudiants trois heures par semaine au cours d'un semestre et découvrir qu'il y en a au moins un qu'on ne voit pas. Qu'on n'a pas vu. On s'efforce de le voir. Mais il échappe à la vue. On ne peut pas le décrire, le nommer, le sentir. Il est dans le point aveugle de l'œil. Je voudrais écrire sur lui. Je ne peux pas. Le jour où mon point aveugle se sera déplacé, je pourrai peut-être écrire sur l'étudiant que je n'ai jamais réussi à voir. Pour l'ouïe, il y a des zones de surdité, et il y a, parmi ces zones, celle de la sourde oreille. Il y a des mots, des phrases, des récits qu'on n'entend pas. Ça fait semblant de ne pas s'enregistrer. L'enregistrement court se planquer quelque part, on ne sait ni pourquoi ni comment. Il y avait une femme, à Nicolet, dès qu'elle en trouvait la chance, au cours d'une conversation, elle demandait qu'on lui raconte comment les hommes et les femmes font l'amour. Lorsqu'on arrivait au moment du coït, elle s'écriait : « Quoi ! La… dans…, c'est insensé ! » On comprenait qu'elle avait compris. Pas du tout. Elle ne se souvenait pas du tout que qui que ce soit lui ait jamais raconté comment… Dites-moi qu'elle était un peu cinglée. Je ne sais pas. Peut-être faisait-elle une collection de récits destinés à la littérature érotique. Il y a des récits que je fais moi-même, qu'il me semble ne pas entendre. Pourquoi est-ce que j'ai eu besoin, pendant des années, de reprendre le récit de mes accidents de voiture comme si je ne les avais jamais entendus ? Comme si je n'arrivais pas à les avoir entendus une bonne fois pour toutes ? Curieux. Comme s'il manquait toujours un fragment perdu à mes récits. « Ces bouts d'histoire manquante fascinaient le petit Jérémie. Un individu était composé de ces suppressions. Plus les bouts manquaient, plus cet irreprésentable se chargeait d'un contenu merveilleux, inépuisable. » (Pierre Yergeau, *L'Écrivain public*)

Si nous pensons pouvoir lire les signes du monde intérieur et extérieur sans devoir jamais en noter quelque chose, en aucune manière, ni dans les échanges avec les autres, ni dans aucun entretien, ni sur aucune page blanche, ni dans notre monologue intérieur, nous pourrons manifester tant que nous voudrons contre la censure exercée *ailleurs,* nous n'aurons aucun moyen de *sentir* la censure exercée par nous-mêmes ou contre nous-mêmes et avec notre consentement lorsque nous zappons, que nous zappions les pistes de notre propre appareil narratif ou les chaînes de cet appareil narratif commun que sont devenus les médias.

Je me parle

Le plus souvent ne sachant où je suis ni pourquoi
je me parle à voix basse voyageuse
et d'autres fois en phrases détachées
(ainsi que se meut chacune de nos vies).

GASTON MIRON, *Monologues*
de l'aliénation délirante

Il a cinq ans. Monsieur Yves, le barbier du village, lui demande de bien fermer les yeux en lui passant sous le nez la lame de son rasoir. Hippolyte s'inquiète : « Chez nous, en France, on coupe les cheveux avec des ciseaux. — Ah ! Ici aussi, on coupe les cheveux aux ciseaux, mais après avoir fait la frange à la lame. Ce ne sera pas long. Ferme bien tes yeux !» Très fort, l'enfant les ferme. Du même coup, pour que le coiffeur voie bien qu'il les ferme, il se pince les lèvres. « Ça y est, dit monsieur Yves, tu peux *regarder tes yeux* dans le miroir.» Hippolyte ouvre les yeux et *regarde ses yeux* dans le miroir. Il tourne légèrement la tête vers la droite et dit : « Ils sont tristes, mes yeux.» Personne n'a entendu sauf moi qui attends, assise sous l'hibiscus géant, le tour de mon père. L'enfant se regarde de nouveau dans le miroir et dit à l'enfant du miroir : « Ils sont tristes, mes yeux, hein ?» L'enfant du miroir lui fait oui d'un signe de tête qu'Hippolyte rejoue en écho. « On ne bouge plus !» ordonne monsieur Yves. Mon père vient de perdre sa canne dans sa tête. Il la cherche en tâtonnant de tous côtés. Je rapproche la canne

de sa main. « Merci. » Il est épuisé par les cauchemars
déclenchés par la nouvelle qu'un de ses collègues à la
retraite et sa femme ont été assassinés dans leur condo. Je
lui dis : « Ce n'est pas ta vie. Ta vie à toi est différente. » Il
répond : « Je vais essayer de *me dire* les choses comme
ça. » Je le vois se répéter à lui-même comme s'il priait :
« Ce n'est pas ta vie, ta vie à toi est différente. » Dès l'enfance et jusqu'au plus grand âge, il y a quelqu'un que
nous créons qui entend pour que nous nous entendions.

On ne sait pas exactement à quel moment a été
inventé le premier interlocuteur dans l'appareil narratif.
On sait qu'il en manquait un, terriblement, au Dieu de
la Genèse. Il crée l'homme et la femme. Ces deux-là le
déçoivent parce qu'ils veulent en savoir autant que lui, et
lorsqu'ils en sauront autant que lui, ils le laisseront tomber, c'est connu. Alors, le Dieu s'invente un double qui
n'est ni tout à fait le même, ni tout à fait un autre, c'est le
Même-Autre. C'est le Verbe. Voilà ce que raconte une des
histoires que l'humanité a pratiquées pour vivre en commun, pour se cimenter autour de repères communs,
pour se donner un canevas à partir duquel s'entendre et
imaginer d'autres histoires.

Aujourd'hui, nous nous racontons que c'est la mère
qui est, dès le début de la gestation, l'interlocutrice de
l'enfant. Que c'est elle qui enveloppe de sa voix l'enfant
qu'elle porte. Elle le porte et elle l'enveloppe de ses multiples voix, celles qui rêvent, qui espèrent, qui attendent,
qui racontent. On dit que ces voix sont aussi essentielles

à l'enfant que le placenta lui-même. Nous nous racontons que l'enfant qui n'a pas été enveloppé dans la voix de sa mère pendant la gestation, comme il arrive, par exemple et peut-être, lorsque l'enfant est le fruit d'un viol, naît avec un *déficit génétique*. Mais nous ne savons pas au juste ce que nous disons quand nous le disons. Nous créerions l'interlocuteur pour combler le froid qu'a provoqué la fin de l'enveloppement par la voix de la mère. Nous créerions une voix de remplacement en nous inspirant de la mémoire que nous en aurions gardée. Ce serait ça, une des origines de la présence. Et forcément une des origines de l'absence si la mère a été une mère-éprouvette. Les éprouvettes ne sont pas équipées d'un système narratif. Et peut-être que les mères éprouvées n'ont qu'un enveloppement panique à offrir à l'enfant en gestation. L'enfant copie cette panique et devient un jour un être panique qui surmonte à chaque instant sa panique. Ce serait ça ou autre chose.

À la veille de ses quatre-vingt-six ans, vers dix heures du matin, la Pianiste se coiffait devant la glace quand la Même-Autre, en face d'elle, lui a dit : « Toi aussi, tu vas mourir, tu n'es pas immortelle. » La Pianiste a alors bien examiné la Même-Autre et elle a aperçu qu'elle était vieille. « Nous sommes vieilles, a-t-elle dit, c'est la première fois que tu me le fais remarquer, et je constate que tu as bien raison. » La Pianiste, assise sur le banc rouge, me dit : « Est-ce que tu imagines ! J'ai toujours cru que j'étais immortelle. Depuis le jour de l'omelette aux lardons que je t'ai raconté, jamais je n'ai été effleurée par la pensée que j'allais mourir un jour comme tout le monde. »

Elle a sept ans. Elle est en vacances chez sa grand-mère paternelle à Saint-Lin. On est dimanche. À midi, elle a une faim de loup. Elle s'assied à sa place à table et sa grand-mère lui sert une omelette aux lardons bien dorée dont le parfum la fait défaillir. Et soudain, elle est saisie par ce qu'elle se dit : « Je suis moi. Personne d'autre que moi, à travers tout l'univers, n'est moi. Je suis entièrement "je suis". Ma vie est entièrement moi et je suis entièrement toute ma vie. »

Lorsqu'elle a raconté cette histoire, la Pianiste ne pouvait pas la mettre au passé. Elle ne pouvait pas mettre un terme à cette joie extraordinaire qui déferlait de nouveau en elle. Subitement, elle a arrêté son récit. Elle a levé les yeux vers l'horloge : « Mais à qui est-ce que je parlais donc ? Ou plutôt, qui me parlait ? *En tout cas, ce n'était pas Dieu.* Tu imagines bien que je n'ai parlé à personne, à personne, de ce bonheur. Il n'était qu'à moi, et je l'ai gardé pour moi, et pour l'autre moi qui en moi le savait et le disait. *Qu'en penses-tu ?* »

J'épluchais les gousses d'ail. Je ne savais rien dire. Je ne voulais rien oublier, ne rien altérer de ses paroles maintenant que sa mort lui avait été annoncée. Ce n'est qu'une fois dans ma voiture, sur la 117 Sud, alors que je venais de doubler deux camions-citernes et un fardier, que j'ai pensé quelque chose de ce que la Pianiste avait dit. Elle s'était demandé d'abord à qui elle parlait alors qu'elle se rappelait avoir entendu quelqu'un d'autre lui parler. En second lieu seulement, elle était revenue à l'idée d'un autre lui parlant. À l'aide de l'appareil narratif, nous nous bricolons, me suis-je dit, plusieurs personnages, mais une seule présence, même que nous-mêmes et autre que nous-mêmes, qui n'est pas tout à fait notre double, pas non plus une âme sœur. C'est la présence. C'est quelqu'un. C'est l'écoute lorsqu'on se parle tout seul, lorsqu'on essaie de s'entendre, de se résumer soi-même, de concilier les contradictions, d'apaiser les conflits, de se reprendre. La Pianiste a gardé secrète cette présence qui venait de la combler d'une joie qu'elle a fait durer toute sa vie.

Faute de temps, nous n'avons pas abordé la question de l'interlocuteur avec les étudiants en création. J'ai simplement proposé que nous fassions circuler un passage de *Comment c'est* de Beckett dans nos voix, en changeant de lecteur à chaque phrase. Nous avons repris trois fois le même passage dans nos voix, et nos voix se tournaient de plus en plus vers l'intérieur. Nos voix s'imitaient les unes les autres. Lorsque nous nous sommes arrêtés, chacun a repris son sens commun. Le sens commun a tendance à rejeter loin de lui ce que le sens intime a reconnu comme sa propre errance, comme son destin : « C'est quelqu'un qui n'a personne, qui ne s'adresse à personne. » Et pourtant, nous savons bien que nous sommes en train de parler à quelqu'un lorsque nous délibérons intérieurement. Chacun sait qu'il y a quelqu'un ou qu'il aurait pu y avoir quelqu'un, ou qu'il pourrait y avoir quelqu'un, mais nous ne savons pas tous ce que représente l'expérience d'être désert, déserté, quand la place du Même-

Autre au sein de l'appareil narratif a été usurpée ou détruite. Avec de la chance, cette place pourrait être réparée. Ce n'est pas irréparable. Les livres le racontent que cette perte de l'interlocuteur au sein de l'appareil narratif n'est pas irréparable. Mais si elle n'est réparée ni par les livres, ni par l'oreille dormante, ni par la méditation, ni par la réflexion, ni par la psychanalyse, on est un peu, on est beaucoup, on est tout à fait
déjà

mort.

Le futur et l'appareil narratif

« Le temps, se dit Alexa, ne lui avait pas été compté comme une quantité. Le compte à rebours, ce n'était bon que pour le décollage des fusées, pas pour la vie des gens. À personne, se dit-elle, le temps n'a été donné comme une somme à dépenser. Le temps est créé par chacun et la mort est l'arrêt de cette capacité de créer le temps. » C'est un extrait de mon roman *Fugueuses* commencé avant le semestre à Ottawa et terminé l'été qui a suivi. Le temps du cours, s'il avait été compté comme une somme d'heures au sein desquelles nous nous étions efforcés de prendre conscience que c'est grâce à une capacité narrative débordant de loin le champ étroit de la conscience que nous sommes en mesure de répondre à tout instant du sujet que nous sommes. C'est la même capacité qui assure notre cohésion, qui fait tenir les morceaux ensemble lorsque « nous tombons en morceaux » ; c'est la même capacité qui nous séduit à tout instant par la cohérence qu'elle réussit à maintenir entre les tensions et les conflits internes et externes. Mais nous n'avons pas abordé la question du futur, ce futur qui m'avait valu un coup de ciseaux sur la tête à onze ans.

Chaque langue impose sa façon de penser ce qui n'existe pas, ce qui n'existe pour personne avant la seconde qui suit, qui est le futur. La langue impose les concordances entre ce qui n'existe pas encore, le futur, et ce qui existe déjà, impose les concordances entre deux ou mille événements qui n'existent pas encore. C'est là le creuset de la fiction, c'est ici que je redis à la Mouette qu'être est une activité de fiction parce que nous ignorons le futur et parce que nous sommes forcés d'agir comme si nous le connaissions. Seule la convention de la langue peut nous permettre d'affirmer le futur comme déjà là. Le mode indicatif, par exemple, prétend que le sujet conçoit et présente l'action sur le plan des faits constatés et affirmés, c'est Grevisse qui définit ainsi ce mode, cette attitude prise par un sujet. C'est le moment de faire revenir en scène Qin Shi Huang. Avant sa naissance en − 260, on avait déjà commencé à douter de la possibilité de maîtriser le futur par les seules lumières de la raison prévoyante. C'est face à l'impossibilité de percer les secrets du devenir et, par conséquent, des agissements des membres de son empire que Qin Shi Huang va appliquer le modèle du légisme qui va lui permettre de contrôler chacun des faits et gestes de ses sujets. Et comment contrôler les pensées de ces sujets, car les pensées des sujets constituent, encore mieux que les actes, ce qu'il y a de plus menaçant pour l'immortalité d'un prince ? En paralysant à son insu l'appareil narratif de tous les sujets, en imposant un sens et un seul sens à chaque mot de la langue. Si on ouvrait un cours sur le légisme, je m'y inscrirais : il y a deux mille ans, des penseurs avaient déjà trouvé une méthode pour avoir raison de la vitalité narrative des être humains en vue de maîtriser l'avenir, et tous ceux qui n'étaient pas d'accord pouvaient brûler. Il suffisait d'une *bonne fiction*. D'une fiction qui marche. L'histoire du monde est le récit de la marche des fictions qui ont marché. L'histoire des floués par Vincent Lacroix est l'histoire d'une fiction qui a marché. Il n'y a pas que les religions qui puissent inventer des fictions qui marchent. Le Yi-Qing en est une, l'astrologie en est une autre. Tout être humain *doit* en avoir une pour survivre. Nous sommes tous croyants parce que le futur est impénétrable. Je dois croire que mes amis vivront jusqu'à ce soir pour leur préparer à manger. Et pendant que je fais mes courses, je vis dans le futur des arômes qui vont inonder la maison parce que je crois que je vais rentrer chez moi et non pas tomber dans la rue. Nous vivons dans la fiction d'un futur inexistant que nous rêvons et appelons et programmons grâce à l'appareil qui nous sert à nous raconter l'acte que nous préparons à accomplir pendant des heures alors que cet acte ne va durer, dans la réalité, qu'à peine le dixième du temps où il aura pleinement existé sur nos pistes narratives. Il y a une naïveté incurable à croire que l'action, l'action dans nos vies, dans nos romans, dans nos films, se déroule *sur les lieux de l'action*. C'est la pensée magique qui n'intègre pas le fait que l'arbre se nourrit par les racines. Nos actions sont nourries au sein de l'appareil narratif et c'est là qu'elles ont lieu cent fois avant d'apparaître sur la scène du bref instant où elles trouvent leur dénouement.

Avec la Pianiste et la Mouette, j'aurais aimé avoir le temps de parler du futur au moment où toute la donne est désormais chambardée. Même l'empereur Qin Shin Huang en aurait été extrêmement troublé. Nos calculs nous permettent désormais de savoir que notre planète disparaîtra. Que l'espèce humaine, notre espèce, s'éteindra. Que nous allions individuellement mourir, nous le savions, mais que nous allions mourir comme espèce, nous l'ignorions. Ceux qui naissent aujourd'hui pourront peut-être intégrer ce savoir et proposer une issue à l'appareil narratif pour qu'il puisse nous projeter autrement dans le temps. Pour ma part, je ne peux pas savoir comment je me serais projetée dans un futur avec cette connaissance de la fin de l'espèce. Je parle toujours de la narrativité, bien sûr. Ce que je me serais raconté à moi-même au moment où je cherchais à me donner un interlocuteur dans le froid glacial où m'avait laissée ma naissance, je ne le sais pas.

III

Bribes, fragments, éclairs, échos, marges…

J'aurais voulu montrer aux enfants ces dorades
Du flot bleu, ces poissons d'or, ces poissons chantants.

ARTHUR RIMBAUD, *Le Bateau ivre*

Le même cerisier n'est pas le même pour chacun ; pour l'ébéniste, pour le forestier, pour le confiseur, pour l'herboriste, pour l'ornithologue, pour le botaniste, pour le sculpteur, pour l'aquarelliste, c'est encore un autre arbre. Autrement dit, chacun rencontre le même cerisier d'une manière originale irréductible à la manière des autres. La même œuvre, poème, roman, essai, nouvelle, drame ou tragédie, n'est pas la même suivant ce que chacun offre, apporte ou refuse, emprunte, arrache, prend ou donne à cette œuvre, chacun rencontrant l'œuvre avec son œuvre intérieure. On est bien d'accord. Mais on ne s'entend pas. Car si on s'entendait, on n'entendrait plus jamais personne demander à un écrivain *ce qu'il a voulu dire*. Or cette question ne cesse pas de revenir comme une question inédite qui ne prend jamais aucune ride, aucune rougeur de gêne, de honte, de déplaisir, de malaise. Elle sévit bien sûr dans toutes les émissions culturelles, elle sévit dans les bibliothèques, elle sévit, je pèse le mot : elle punit. Elle ne cesse pas de punir l'écrivain en lui disant qu'il n'a pas dit ce qu'il voulait dire puisque, ayant lu son livre, on lui demande ce qu'il a voulu dire comme si son livre était illisible. Toujours sur ce ton de familia-

rité (on est en famille, on est à la maternelle, on est à
l'école primaire, on est chez le thérapeute d'enfants :
« Alors, mon petit, qu'est-ce que tu as voulu dire ? — Je
n'ai pas voulu dire, a répondu l'enfant en enfonçant bien
ses yeux dans la bouche ointe qui attend la réponse, je n'ai
pas voulu dire. — Ritalin. ») derrière lequel se cache le
saccage, la défiguration de l'œuvre et de la réception de
l'œuvre. « Dans la familiarité, dit Bertrand dans *Les Som-
nambules* d'Hermann Broch, il y a d'emblée un germe
d'insincérité et de mensonge. La familiarité est l'espèce la
plus insidieuse et à vrai dire la plus vulgaire de la sollici-
tation. »

✳ ✳ ✳

Je suis dans « l'énaurme » *Joyce* de Victor-Lévy Beaulieu. J'aurais horriblement honte de lui demander ce qu'il
a voulu dire lorsqu'il raconte l'attaque de la poliomyélite,
à dix-neuf ans. Il parvient enfin au sofa du salon interdit
d'accès sauf pour les grands événements et il s'y allonge.
Sa mère le trouve là et lui dit de monter dans sa chambre.
« Qu'est-ce que vous avez voulu dire ? » Mais il a tout dit !
C'est à moi de parler maintenant, moi, la lectrice. C'est à
moi de dire au narrateur, alors que nous (lui et moi)
sommes en route pour l'hôpital Maisonneuve-Rose-
mont, que je hais sa mère, peu importe ce qu'il fera dans
les pages qui viennent pour atténuer cette haine. Elle
n'est pas à lui, la haine que je ressens pour cette femme,

elle est à moi, elle s'est réveillée, elle crie et elle me fait du bien. Je hais les mères qui interdisent l'accès du salon à un fils de dix-neuf ans qui paie pension. Je hais les mères qui n'ont pas entendu, qui n'ont pas vu, avec leur sale *sourde oreille* pour laquelle il n'existe pas de Q-tips, que leur fille se faisait violer toutes les nuits par leur père. Et je pourrais continuer ainsi, à haïr ce que je hais, mais le *Joyce* m'emmène à l'hôpital Pasteur où autre chose m'arrive. M'arrive à moi. Pas à Victor-Lévy Beaulieu. Comment pourrait-on cesser d'interdire l'accès des livres aux enfants de dix-neuf ans en leur demandant ce que l'auteur a voulu dire ? Comment pourrait-on cesser de traiter un homme ou une femme de dix-neuf ans comme un gamin, comme une gamine qu'on castre de sa lecture ? Comment pourrait-on laisser se développer l'appareil narratif pour qu'il saisisse comment se construit son autonomie, sa force, sa liberté ? On est d'accord, mais il faudrait s'entendre.

✳   ✳   ✳

Un jour, j'ai reçu un appel téléphonique d'une élève de quinze ans qui avait reçu une mauvaise note pour une interprétation qu'elle avait faite d'un de mes poèmes de *Gémellaires*. Son professeur lui avait dit que son interprétation ne correspondait pas à ce que l'auteure avait *voulu dire*. Comment ce professeur savait ce que l'auteure avait *voulu dire* reste un grand mystère pour moi. Si je pense au poème *Brise marine* de Mallarmé *(Fuir ! là-bas fuir ! Je sens que des oiseaux sont ivres /D'être parmi l'écume inconnue et les cieux !)* que j'ai mémorisé et dit dans des soirées de poésie avec toujours le même doute sur le sens des derniers vers qui me donnait à sentir de façon confuse que quelqu'un se foutait quand même de ma gueule, disons-le comme ça, je me dis : « Heureusement, je n'ai demandé de permission à personne pour éprouver ce doute et le connaître. » Lorsqu'un jour quelqu'un (George Steiner, *Dans le château de Barbe-Bleue*) m'a fait comprendre que ce poème de Mallarmé s'inscrivait dans un corpus d'œuvres où le poète ridiculise l'élan romantique vers un *ailleurs* bucolique et maritime qu'il dénonce, j'ai enfin découvert les signes qui m'empêchaient d'interpréter clairement ce poème (de le prononcer sans bafouiller, sans m'enfarger). Si, lorsque j'avais seize ans, quelqu'un était venu me dire : « Tu n'y es pas du tout », il m'aurait privée de la déception à venir. Et seule la déception, la désillusion au regard des signes qu'on a reconnus sans pouvoir les reconnaître fait avancer notre capacité de lecture du monde. Si on empêche un enfant de tomber à tout prix lorsqu'il tient à marcher, il ne marchera jamais dans l'aisance de la marche. Il butera toujours contre les pattes de chaises. Je dirais sans mettre de majuscules : « Laissez-nous apprendre, laissez-nous être dans l'expérience de notre apprentissage. »

*   *   *

Voici ce que j'ai reçu de meilleur. Une personne, un jour, a décidé de me laisser faire l'expérience de la pensée. Elle s'appelle aujourd'hui madame Saint-Martin. Elle s'appelait alors sœur Saint-Martin-de-Tours. Elle était professeur de philo et de maths. Mes dissertations étaient toujours des « expériences » de pensée qui ne correspondaient en rien à ce que l'Université Laval attendait d'une dissertation de philosophie au niveau du bac. Madame Saint-Martin m'a donc convoquée. « Voilà, a-t-elle dit, les choses sont très simples et je crois que vous pouvez les entendre. Je suis là pour vous préparer aux examens du bac qui ne concernent en rien vos "expériences" de pensée. Si vous voulez bien accepter d'apprendre à répondre aux critères des examinateurs, en retour je noterai tous vos travaux suivant d'autres critères où je tenterai à mon tour de répondre à vos "expériences" de pensée. Mais pour l'examen final du bac, vous obéirez aux critères de l'Université Laval. (Thomas d'Aquin par cœur.) Qu'en pensez-vous ? » C'est le premier accommodement raisonnable qu'on m'ait proposé.

Et puisque je suis dans le chapitre de Nicolet, du Collège de Nicolet, je voudrais raconter une anecdote qui démontre bien que la Révolution tranquille a été aussi préparée par des religieuses, et qu'il est impossible de jeter ces religieuses dans le grand sac vert de l'Histoire telle qu'on la raconte aujourd'hui.

On est en 1960. Radio-Canada va diffuser *Hiroshima mon amour* d'Alain Resnais, scénario de Marguerite Duras, à son ciné-club dominical. L'évêque du diocèse de Nicolet décide de frapper d'interdit ce film. Il est donc interdit aux ouailles du diocèse de visionner *Hiroshima mon amour.* Sœur Alice convoque toutes les collégiennes dans la Grande Salle. « Mesdemoiselles, dit-elle en se tenant le foie comme une petite Bonaparte, notre évêque a frappé de censure *Hiroshima mon amour* qui sera diffusé ce soir à la télévision. Étant donné que vous êtes ici pour apprendre et comprendre ce que votre société vous interdit, le ciné-club sera obligatoire, ce soir, à vingt heures, et sera suivi d'une discussion, obligatoire elle aussi. »

« Si vous n'étiez pas romancière, je vous croirais, mais comme vous êtes romancière, je suis heureux de ne pas pouvoir vous croire », m'a dit Jacques Godbout à qui je venais de rapporter cet événement. À l'époque de cette anecdote, je n'étais ni romancière ni poète, j'étais une fille d'Amos, Abitibi, pensionnaire de force parce qu'il n'existait pas de collège pour filles en Abitibi. Sœur Alice lisait passionnément *Le Devoir*, riait avec le frère Untel de ses *Insolences,* enseignait la chimie, préparait intensément la Révolution. Si c'était elle qui l'avait menée, cette Révolution aurait sans doute été moins tranquille qu'elle ne l'a été. Lorsqu'elle sentait que l'évêché allait passer faire un petit contrôle des livres, elle nous demandait d'un ton plutôt distrait de penser à ranger nos Sartre et compagnie pour quelques jours. *Le Décameron* de Boccace était dans la bibliothèque du collège avec toute la littérature « du monde ». On dit *world,* aujourd'hui.

Qu'on cesse d'effacer toute cette longue préparation à un Québec désoumis, toute cette part transmise qu'on gomme avec des slogans qui trompent. Qui perpétuent notre ignorance de l'histoire. Qui nous privent de la reconnaissance du temps que met l'histoire à se débattre en nous qui sommes à la fois individu et peuple, qui nous font croire que nous sommes toujours à l'an 1 et que nous n'avons eu personne et rien, rien et personne derrière nous, avant nous, pour nous. Derrière nous, il y a eu dix fois, vingt fois, cent fois mes propres grands-mères décidant de rompre avec la censure des évêques, fondant des clubs de lecture, multipliant les réunions *mondaines* pour discuter des livres, pour discuter des politiques et des *accommodements raisonnables* à faire pour ne pas mourir connes. Lorsqu'on nous dit qu'il n'y avait rien, on nous ment une fois de plus sur notre histoire. Au début…

* * *

Au début, il y avait l'Amérique et elle était le continent des Amérindiens. *Il y avait eux.* Leurs langues. Leurs mœurs. Leurs coutumes. Leurs vivants. Leurs morts. Leurs histoires. Leurs liens avec les mondes visible et invisible. Leurs voies de communication. Leur commerce. Ce n'est pas rien ! Pourquoi dites-vous sans cesse qu'il n'y avait rien ? Personne ne peut survivre sans l'histoire qu'il reçoit à sa naissance et qui se développe en lui, qu'il crée et qui le crée. Ça n'existe pas, rien, sauf pour les morts. Or ces gens-là étaient vivants. S'ils étaient vivants, c'est bien qu'ils avaient une histoire, deux histoires, des milliers d'histoires qui les cimentaient, qui les soudaient, qui les opposaient, qui les menaient en guerre, qui leur faisaient fumer le calumet de paix. Qu'est-ce que vous me racontez qu'il n'y avait rien ? Pas d'eau courante ! Pas de littérature ! Mais d'où viennent donc *L'Iliade* et *L'Odyssée* si ce n'est d'une tradition orale qui a cimenté et soudé des clans les uns aux autres sans eau courante et sans littérature ? Et une tradition orale ne serait rien ? Et vous seriez en l'an 1 des accommodements raisonnables après avoir fait disparaître ces gens-là ? Mais ces gens-là, ils ont disparu où ? Dans votre sang. Dans vos gènes. C'est là qu'ils sont, ces riens, comme les Tibétains seront bientôt dans le sang des Chinois, comme les Tutsis sont désormais dans le sang des Hutus, par la haine ou par l'amour. Ceux qui se croient en l'an 1, qui répètent qu'il n'y avait rien avant eux, sont des matricides. Ils tuent l'enveloppement de la voix de la mère qui espère, qui veut, qui va trouver à manger, à boire, à dire, à faire, à coudre, à soigner, qui le voit, le nouvel enfant, sa tête émerge et déjà elle lui raconte qu'il y a quelque chose, et qu'il est tout cela, et qu'il reçoit tout cela. Ils sont des patricides. Ils tuent le père qui est père. Qui espère. Qui veut. Qui tend. Qui accompagne. Qui raconte. Qui ouvre le livre qu'il ne sait pas lire. Qui se tait. Qui enveloppe l'enfant de son *expérience.*

*   *   *

Cette histoire des cousins français à tout prix pour ne pas se découvrir métisse, c'était tellement affolant à la longue, je voulais tellement en venir à bout que j'ai donné mon sang partout où j'ai pu pendant que j'étais en France. Maintenant, je suis sûre que mon sang amérindien, que mon sang marrane, que mon sang occitan, que mon sang français, que mon sang québécois coulent dans les veines de mes cousins français. Ça au moins, c'est un accommodement que je considère comme parfaitement raisonné.

*   *   *

Et avec le sang, les histoires. Les langues. Les matrices de vision et de perception du monde. Nous ne savons rien sur la mémoire. Moi non plus. Vous non plus. Nous ne pouvons pas comprendre ce qui arrive à un homme brave et solide de soixante-quinze ans qui se met à trembler de peur dès qu'il passe les frontières de l'Espagne. C'est mon père, descendant de marranes qui ont fui l'Espagne vers la France en 1492. Sa panique est telle qu'il ne consentira à aucun moment à descendre de la voiture et qu'il faudra faire demi-tour à Barcelone pour aller dormir en France. *Il ne sait pas* qu'il est un descendant de ceux qui ont fui l'Espagne. Rien de sa conscience ne sait. Et il n'a pas ce qu'il faut pour comprendre et traduire et mettre en mots ce qui arrive dans son corps où une mémoire qui nous échappe *sait*.

En ce moment, nous vivons une guerre d'occupation des appareils narratifs, des multipistes et du champ de la conscience où tout est mis en œuvre pour museler, pour rendre sourd, pour décourager, pour neutraliser, pour paralyser le monologue intérieur. Soit par suralimentation, par surexcitation, par sursaturation, ou encore par privation, diète, famine, empoisonnement des *puits*. Tout est planifié de façon que nous n'ayons plus ni le temps ni l'espace nécessaires pour synthétiser, pour digérer, pour absorber, pour éliminer, pour choisir. Et la violence qui fait rentrer dans le rang quelqu'un qui résiste a toujours la figure d'un expert. Je crois, comme Gregory Bateson, comme Jean Baudrillard, comme Guy Debord, comme Marguerite Duras, comme René Lapierre, comme Paul Chamberland, comme tant d'autres, que la pensée est en péril, qu'elle est une « espèce menacée », mais qu'il ne faut pas la classer comme telle : on quadrillerait encore davantage son espace, on la mettrait dans des réserves.

*   *   *

« Ce que tu es, écrit Georges Bataille dans *L'Expérience intérieure*, tient à l'activité qui lie les éléments sans nombre qui te composent, à l'intense communication de ces éléments entre eux. Ce sont des contagions d'énergie, de mouvement, de chaleur ou des transports d'éléments, qui constituent intérieurement la vie de ton être organique. […] Ne tarde pas à prendre une exacte conscience de cette position angoissante : s'il t'arrivait de t'attacher à des buts enfermés dans ces limites où personne n'est en jeu que toi, ta vie serait celle du grand nombre, elle serait privée de merveilleux. »

*   *   *

Dans *Albertine disparue,* Proust : « Notre moi est fait de la superposition de nos états successifs. Mais cette superposition n'est pas immuable comme la stratification d'une montagne. Perpétuellement des soulèvements font affleurer à la surface des couches anciennes. »

Il a fallu des années pour que se forme un espace intérieur où je pourrais lire *À la recherche du temps perdu* de Proust. À vingt ans, à trente ans, ça m'était facile de dire que je ne supportais pas « Proust et sa bande de poudrés ». Je le dis aujourd'hui sans grande pudeur, ayant entendu des gens me dire qu'ils n'arrivent pas à entrer dans mes livres pour y rencontrer « cette bande d'hystériques ». C'était ainsi. Il n'y avait rien que je puisse donner à cet auteur. Car c'est ce qu'on donne à un auteur en échange de ce qu'il nous donne qui forme le cœur, le noyau du plaisir de la lecture. Il y a quelques années, j'ai fait la connaissance d'un lecteur de Proust qui s'est présenté tout simplement rue Bernard. Raymond Carbonneau avait envie de parler de Proust à une écrivaine qu'il n'avait pas lue mais qu'il avait reconnue. Électricien à la retraite, syndicaliste, grand lecteur et mélomane depuis toujours, ayant fait lire des passages de Proust autant qu'il le pouvait partout où il se trouvait, il en était à sa quatrième lecture complète de la *Recherche*, il était bien triste parce qu'il venait d'entamer le dernier livre. Encore plus déçu lorsqu'il a appris que je n'avais jamais lu la *Recherche*, n'ayant pas pu passer le cap des deux cents premières pages. On est sortis du café République sous la pluie. On a marché ensemble jusque chez Falero parce c'était son jour poisson, et parce que j'allais moi aussi à la poissonnerie. Devant nous, un homme à parapluie, mais surtout à caoutchoucs aux pieds. Monsieur Carbonneau me saisit le bras : « Vous voyez ces caoutchoucs ? Regardez-les bien. Si vous lisez la *Recherche*, vous trouverez les mêmes ! Il y a les mêmes dans la *Recherche*. Il y a tout, dans la *Recherche !* » Quel tonus il avait, monsieur Carbonneau, Raymond ! Si fort que je lui ai promis-juré de lire jusqu'à ce que je trouve les caoutchoucs. Et lorsque je les ai eu trouvés, il était trop tard pour m'arrêter. J'étais avec Proust, si totalement que je continuais à lire lorsque je consentais à m'endormir, et dans mon rêve, je lisais ce que je trouvais écrit par la suite. Lorsque nous nous sommes revus, monsieur Carbonneau avait fini sa quatrième lecture et il était très triste. Alors je lui ai dit que je bafouillais tous les jours la lecture de la *Sixième Partita* de Bach et que je ne cessais pas de découvrir la profondeur, l'ingéniosité, la douleur, le comique, le tragique, la tendresse, la retenue, la pudeur, le délire et les *happy ends* de Bach. Il pouvait bien recommencer tout de suite la *Recherche*. Ah non ! Il voulait passer d'abord à travers Nietzsche. Puis il a cité Proust : « Ce que nous n'avons pas eu à déchiffrer, à éclaircir par notre effort personnel, ce qui était clair avant nous, n'est pas à nous. Ne vient de nous-même que ce que nous tirons de l'obscurité qui est en nous et que ne connaissent pas les autres. »

* * *

Lorsque les étudiants me demandent si la littérature peut survivre face à la nouvelle censure par tsunami de livres, par désaffection des médias, par Mickey Mouse et Bécassine et Milou multipliés, je leur raconte l'histoire de monsieur Carbonneau. Les gens ont lu *avant* l'existence des médias. Les lecteurs faisaient circuler les livres, se les prêtaient, se promettaient mutuellement de les lire, de les avoir lus. Il existe encore des clubs de lecture. Si les médias se sont désistés, nous restons là, nous les lecteurs, les lectrices, et nous n'avons qu'à envoyer un courriel à toute la liste pour que toute la liste apprenne que ce serait une bonne idée de lire *L'Entretien du désespoir* de René Lapierre ou *L'Injure* de Nathalie Stephens qui, elle, vous dirait de lire Collobert. C'est ce que nous devons faire maintenant, comme monsieur Carbonneau a fait pour moi.

* * *

Et Proust de nouveau, dans *Le Temps retrouvé* : « La grandeur de l'art véritable, c'était de retrouver, de ressaisir, de nous faire connaître cette réalité loin de laquelle nous vivons, de laquelle nous nous écartons de plus en plus au fur et à mesure que prend plus d'épaisseur et d'imperméabilité la connaissance conventionnelle que nous lui substituons, cette réalité que nous risquerions fort de mourir sans avoir connue, et qui est tout simplement notre vie. »

✳   ✳   ✳

La Pianiste joue *Von fremden Ländern und Menschen /About Strange Lands and People* de Robert Schumann. Je lui demande ce qu'elle joue. Elle dit que c'est une évocation des Terres et des Peuples étrangers. Je lui demande si je peux tourner la page. Oui, quand elle me fera signe. J'ai hâte qu'elle me fasse signe de tourner la page. Je sais que sur l'autre page, c'est écrit *Träumerei /Dreaming,* mais surtout ceci que je ne me lasse pas de lire : *Lento, con gran espressione.*

Table des matières

Imprimé sur du papier 100 % postconsommation,
traité sans chlore.

MISE EN PAGES ET TYPOGRAPHIE :
LES ÉDITIONS DU BORÉAL

ACHEVÉ D'IMPRIMER EN MARS 2008
SUR LES PRESSES DE MARQUIS IMPRIMEUR
À CAP-SAINT-IGNACE (QUÉBEC).